Wolfgang Müller

Die Rätsel Chinas – Wiederaufstieg einer Weltmacht

Wolfgang Müller hat 15 Jahre in der IG Metall Bayern gearbeitet und den Siemens-Konzern und dann die Auto- und Zulieferindustrie betreut. Zuvor war er Software-Entwickler bei US-Computerkonzernen. Er hat mehrere Jahre in Peking gelebt.

Wolfgang Müller

Die Rätsel Chinas – Wiederaufstieg einer Weltmacht

Digitale Diktatur, Staatskapitalismus
oder sozialistische Marktwirtschaft?

VSA: Verlag Hamburg

www.vsa-verlag.de

Titelfoto: Silke Stadler
Druck- und Buchbindearbeiten: Beltz Grafische Betriebe GmbH, Bad Langensalza
ISBN 978-3-96488-053-6

Inhalt

Vorbemerkung

Bücher über China haben schon länger Konjunktur. Unter in China lebenden Ausländern gibt es ein Bonmot: Wer das erste Mal für ein paar Wochen in China war, hält anschließend Vorträge darüber oder veröffentlicht einen Reisebericht. Wer schon mehrfach China bereist hat, schreibt gleich ein China-Buch.

Vom Herbst 1977 bis Anfang 1980 habe ich in China gelebt und gearbeitet. Seit dieser Zeit habe ich noch gute Freunde im Land. Später habe ich im Jahrestakt, manchmal mehrmals in einem Jahr, das Land besucht. Die meisten Chinareisen hatten berufliche Hintergründe. Private Reisen haben mich und meine Frau vor allem durch die Grenzregionen geführt, z.B. durch die gebirgige Provinz Yunnan an der Grenze zu Myanmar und Laos und 2019 mit dem Fahrrad durch Tibet bis zur nepalesischen Grenze.

Seit meiner Zeit vor über 40 Jahren in Peking faszinieren mich das Land und seine Menschen. Seitdem habe ich vor allem Chinas gesellschaftliche und wirtschaftliche Entwicklung verfolgt. Die Dynamik, aber auch die Widersprüche im Land überraschen mich bei jeder Reise aufs Neue.

In Publikationen und Vorträgen habe ich mich mit sozialen Themen wie Binnenmigration, Urbanisierung und Gewerkschaften befasst. Zudem habe ich Chinas Wirtschafts- und Industriepolitik und auch die Investitionen in Deutschland untersucht. Die Anregung, diese Themen im größeren Zusammenhang in einem Buch darzustellen, kam vom VSA: Verlag und insbesondere von Gerd Siebecke, der mich immer wieder zu dem Projekt ermuntert hat. Mein besonderer Dank geht an Louisa Bäckermann, die das Projekt als Lektorin kritisch begleitete.

In Deutschland grassieren Vorurteile, Halbwahrheiten und Einseitigkeiten über China und die Chinesen. Das beliebte China-Bashing steht unter dem Motto: Sachkenntnis ist der Tod jeder engagierten Diskussion! Das vorliegende Buch soll aufklären und Hintergründe liefern und damit zur Versachlichung der Diskussion über China beitragen.

Einen Hinweis muss und will ich den Leserinnen und Lesern vor der Lektüre des Buches geben: Ich spreche nur leidlich Chinesisch und bin der chinesischen Schrift nicht mächtig. Deswegen habe ich mich bei meinen Recherchen auf Quellen mit ausführlicher China-Berichterstattung und -Analysen gestützt. Das sind vor allem die britischen Wirtschaftspublikationen *Economist* und *Financial Times*. Außerdem nutze ich das englischsprachige chinesische Nachrichtenportal *Caixin News*, das u.a. in der Corona-Krise bewiesen hat, dass auch in China kritischer und unabhängiger Journalismus möglich ist. Natürlich sind in das Buch auch die vielen Diskussionen und Gespräche eingeflossen, die ich mit chinesischen Freunden und Wissenschaftlern sowie mit chinesischen Gewerkschaftern geführt habe. Ebenso die Unterhaltungen mit Wirtschaftsvertretern, Journalisten und Wissenschaftlern aus dem Westen, die in China leben.

Nicht zuletzt möchte ich meiner Frau Silke Stadler danken, ohne deren Unterstützung und Geduld und ohne deren Anregungen dieses Buch nicht entstanden wäre.

Einleitung

Das Bild des obrigkeitshörigen Asiaten gehört schon seit Georg Wilhelm Friedrich Hegel fest zum europäischen Diskurs, schreibt die Sinologin und Lyrikerin Lea Schneider in einem Essay im Kulturteil der Süddeutschen Zeitung (26.5.2020). Hegel beschrieb China vor 150 Jahren als ein Land »außerhalb der Weltgeschichte«, dessen Bewohner aufgrund ihrer kollektiven Prägung – Kollektivität und Passivität – allesamt in Unfreiheit lebten. Demgegenüber steht das Ideal der europäischen Aufklärung mit der Betonung des vernunftbegabten Individuums. Das verzerrte Menschenbild vom hörigen Asiaten und speziell von den Chinesen findet sich auch in der populären Literatur – etwa bei dem früher viel gelesenen Autor Karl May.

Die rassistisch geprägte Bezeichnung der »Entindividualisierung« der Chinesen, die noch vor wenigen Jahrzehnten als »blaue Ameisen« denunziert wurden, ist die Kehrseite eines kolonialen Gehabes derer, die von der prinzipiellen Überlegenheit der westlichen Kultur und des westlichen Denkens ausgehen. Diese rassistischen und kolonialen Klischees haben in der Corona-Krise auch in Deutschland eine Wiederauflage erfahren, nicht nur mit Donald Trumps »China-Virus«.

In Europa und besonders in Deutschland gibt es zudem einen sehr oberflächlichen Menschenrechtsdiskurs über China, der geprägt ist von einer weitgehenden Unkenntnis über das gesellschaftliche Leben und von der Vorstellung einer totalen Überwachung und Kontrolle im Land. Dieser Menschenrechtsdiskurs geht eine gefährliche Verbindung mit der Angst vor dem wirtschaftlichen und politischen Erstarken der Volksrepublik ein. Das Ergebnis ist ein eindimensionales Bild, in dem ganz China mit der KP gleichgesetzt wird. Die Chinesen werden nicht als Menschen wahrgenommen, die mit den Europäern intellektuell und emotional auf Augenhöhe sind. Ein befreundeter chinesischer Intellektueller, der in Deutschland studiert hat und der regelmäßig die deutsche Berichterstattung über China verfolgt, fragte mich kürzlich: Warum haben die Chinesen eine so hohe Meinung von Deutschland, und warum haben die Deutschen eine so schlechte Meinung von China?

Das Bild von China als ein mehr oder weniger monolithisches Land ist einfältig und hat wenig mit dessen vielfältigen Realitäten zu tun. Wenn eine Bevölkerung von 1,4 Milliarden Menschen die zunächst drastischen Maßnahmen der Regierung gegen die Corona-Pandemie weitgehend unterstützt, bedeutet das nicht, dass alle Chinesen gleichgeschaltet sind. Eine ebenso naive Vorstellung ist es, hinter jedem chinesischen Unternehmen und dessen Auslandsoperationen die KP mit einem raffinierten Masterplan zu vermuten. Und es ist

Unsinn, den KP-Chef und Staatspräsidenten Xi Jinping als Alleinherrscher darzustellen, dessen Wort im ganzen Land Befehl ist. Denn der Erfolg des Regierungssystems besteht aus meiner Sicht *gerade* darin, dass es pragmatisch die äußerst unterschiedlichen Bedingungen und divergierenden politischen wie wirtschaftlichen Interessen in dem riesigen Land berücksichtigen und immer wieder einen neuen Konsens herstellen kann.

Mit der in Deutschland verbreiteten eindimensionalen Perspektive auf China können wir weder dessen Entwicklungen angemessen verstehen noch die durchaus nötige Kritik an sozialen Fehlentwicklungen oder an politischen Entscheidungen der KP formulieren. Das Buch soll dazu beitragen, diese Verzerrungen zu korrigieren. Dabei steht insbesondere die Entwicklung Chinas der letzten 40 Jahre im Mittelpunkt. Das Leben der allermeisten Bewohner hat sich wesentlich verbessert. Der wirtschaftliche Aufstieg hat die Welt nachhaltig verändert und vielen Menschen auch in anderen Teilen der Erde Verbesserungen gebracht, auch wenn durch den Export von Arbeitsplätzen aus den alten industriellen Zentren des Westens das Land für Viele zum Feindbild wurde. Das Zentrum der Weltwirtschaft verschiebt sich nach Asien. Der weitere Aufstieg Chinas, die Ablösung des Westens und die daraus resultierenden Konvulsionen werden wahrscheinlich die wirtschafts- und weltpolitischen Debatten der nächsten Jahrzehnte dominieren.

Im *ersten Kapitel* stelle ich die erstaunliche Erfolgsgeschichte Chinas der letzten Jahrzehnte dar. Dabei hat das Land zwar von der neoliberalen Globalisierung profitiert. Ebenso wichtig war jedoch die Beseitigung feudaler und halbfeudaler Strukturen, die anders als etwa in der immer noch bestehenden indischen Kastengesellschaft stattgefunden hat.

Massive soziale Umwälzungen haben den Weg vom agrarisch geprägten Armenhaus der Welt zur wirtschaftlichen Supermacht begleitet. 1978 lebten noch vier von fünf Chinesen auf dem Land, heute leben 61% Bewohner in den Städten. Zahlenmäßig hat China die größte kaufkräftige Mittelklasse und dort leben die meisten Ultrareichen auf der Welt. Davon handelt das *zweite Kapitel*.

Im *dritten Kapitel* wird das chinesische Wirtschafts- und Gesellschaftssystem untersucht. Die KP spricht von einem »Sozialismus mit chinesischen Charakteristiken«. Schon vor über hundert Jahren hatten chinesische Denker den Sonderweg gegenüber den kapitalistischen Demokratien des Westens betont. Andere betrachten das chinesische System als disziplinierender »Entwicklungsstaat« als Voraussetzung für eine erfolgreiche Entwicklung.

Die Rolle der gesellschaftlichen Überwachung und Kontrolle in China und deren gesellschaftliche Akzeptanz wird im *vierten Kapitel* diskutiert. Im Westen spricht man von der digitalen Neuerfindung der Diktatur.

Im *fünften Kapitel* geht es um den Wirtschaftskrieg, mit dem die USA den weiteren Aufstieg Chinas bremsen wollen. Im Zentrum steht die Frage: Wer hat die technologische Führung? Können die USA ihre Spitzenstellung bei den Zukunftstechnologien und damit auch auf militärischem Gebiet halten oder werden sie bald abgelöst?

Der Technologiekonzern Huawei, der heute beim 5G-Mobilfunk dominiert, steht exemplarisch für Chinas Erfolge und für die Versäumnisse des Westens. Davon handelt das *sechste Kapitel.*

Im *siebten Kapitel* untersuche ich Chinas wachsende weltpolitische Rolle am Beispiel der chinesischen Afrika-Politik. Durch China als Wirtschaftspartner und durch chinesische Investments in Infrastruktur und Industrie haben sich die Bedingungen für die afrikanischen Länder verbessert. Anders als im Westen behauptet wird, gibt es keine Hinweise auf einen neuen, diesmal chinesischen Neokolonialismus in Afrika.

Schließlich gehe ich im Schlusskapitel der Frage nach, ob dieses Jahrhundert zum chinesischen Jahrhundert wird und warum innere Widersprüche wie die ungelösten sozialen Probleme und äußere Bedrohungen wie der Klimawandel diese Entwicklung gefährden können.

Kapitel 1
Chinas Aufstieg: Auf dem Weg zur Weltherrschaft?

2020 werden die Menschen in Asien erstmals mehr als die Hälfte der Wirtschaftsleistung der ganzen Welt, berechnet nach Kaufkraft, erarbeiten. Der Trost für Westeuropäer und Nordamerikaner: Ihre Weltregionen bleiben weiterhin wichtige Kraftzentren der Weltwirtschaft. Quantitativ könnten die alten Zentren aber bei der Erzeugung von Gütern und Dienstleistungen nicht mehr mit Asien konkurrieren. Zudem lebt in Asien heute die Hälfte der Menschen weltweit, die zur Mittelschicht gezählt werden: Menschen, die nicht mehr täglich um ihr Überleben kämpfen müssen, sondern die etwas Wohlstand erlangt haben.

Sollten sich die Trends der vergangenen Dekaden fortsetzen, dann wird Europa mehr und mehr zur wirtschaftlichen Peripherie. So lautet aus europäischer Sicht die düster gestimmte Prognose von Hanns Günther Hilpert, Leiter der Forschungsgruppe Asien der Berliner Denkfabrik »Stiftung Wissenschaft und Politik« (SWP).

Asiens Aufstieg ist in erster Linie der Aufstieg Chinas, das in den vergangenen Jahrzehnten eine atemberaubende Erfolgsgeschichte hingelegt hat. Innerhalb weniger Jahrzehnte hat sich das Land in einem Prozess industrialisiert, für den Europa zwei Jahrhunderte brauchte. Eine solche Entwicklung gab es in der Weltgeschichte bislang nicht. Kein Wunder, dass die Welt mit so großem Interesse auf dieses Modell schaut.

Die Dynamik ist vielleicht vergleichbar mit der der USA in den ersten Jahrzehnten nach dem Zweiten Weltkrieg: ein riesiger einheitlicher Markt mit derselben Sprache und einer ständig wachsenden Nachfrage der Verbraucher. Wahrscheinlich wird China die anderen asiatischen Staaten und weitere Länder des globalen Südens[1] in seinen Wachstumsorbit einbeziehen.

China hat mehr als 1,4 Milliarden Einwohner, das sind über 18% der Weltbevölkerung von 7,8 Milliarden Menschen im Jahr 2020. Zum Vergleich: Auf Deutschland mit 83 Millionen Einwohnern entfallen gerade etwas mehr als 1%, auf die gesamte EU mit 446 Millionen 5,7% der Weltbevölkerung. China ist kein Nationalstaat wie viele andere, sondern eher als Kontinent zu verste-

---

[1] Gemeint sind die Länder, die meistens als »Entwicklungsländer« bezeichnet werden, worin sich schon sprachlich eine Abwertung ausdrückt.

hen, auf welchem 57 offiziell registrierte verschiedene Ethnien leben. Dennoch definieren sich über 90% der chinesischen Staatsbürger als Han-Chinesen.

Auf einer Fläche, die größer ist als das Staatsgebiet von Indien und nur etwas kleiner als das der USA, gibt es extrem unterschiedliche topografische, klimatische und damit auch wirtschaftliche Bedingungen. Die Regionen des Landes sind durch enorme Disparitäten geprägt: Einerseits gibt es hochmoderne Metropolregionen, die keinen Vergleich mit den Zentren des reichen Westens scheuen müssen; andererseits sind da die dünn besiedelten Gebiete im Hinterland und in den Gebirgszonen, deren natürliche Bedingungen den Bewohnern kaum zum Überleben reichen. Auch die Bevölkerungsverteilung im Land gestaltet sich entsprechend ungleich: Weit über 90% der Chinesen leben auf nur 43% des Staatsgebietes im Osten und Südosten. In manchen Landesteilen – etwa im Yangtse-Delta um Shanghai und im Perlflussdelta um die Metropolen Kanton, Shenzhen und Hongkong – liegt die Bevölkerungsdichte bei 800 bis 900 Menschen pro Quadratkilometer. Wenn von China als der »Fabrik der Welt« gesprochen wird, dann geht es meist um den hochmodernen, industrialisierten, dicht besiedelten Streifen entlang der Küste des Chinesischen Meeres und entlang des Yangtse. Andere Gebiete im Hinterland des Südwestens und Westens des Landes sind wirtschaftlich zurückgeblieben; in manchen Gegenden trifft der Tourist noch auf extreme Armut, auch, wenn sie landesweit nicht mehr allgegenwärtig ist. Auch deshalb hält die chinesische Regierung bislang am Status »Entwicklungsland« fest.

China ist eine uralte Zivilisation mit mehreren Tausend Jahren Geschichte, die heute in Form eines einheitlichen Nationalstaates fortlebt. Das ist etwa so, als ob das Römische Reich und das Frankenreich Karls des Großen bis heute in der Europäischen Union mit Sitz in Brüssel fortexistieren würden. Martin Jacques (2009), britischer Journalist und Buchautor, weist darauf hin, dass es sich bei China nicht um einen Nationalstaat in unserem europäischen Verständnis handelt. Mehr als 2.000 Jahre lang haben die Chinesen sich eher als Zivilisation denn als Nation betrachtet. Die fundamentalen Charakteristiken des heutigen China wurzeln in diesem Denken: das Verhältnis von Individuum und Gemeinschaft und von Staat und Gesellschaft; die entscheidende Rolle der Familie; die Ahnenverehrung; die konfuzianischen Werte; die große Bedeutung der Netze persönlicher Beziehungen. Das Identitätsgefühl wurde in erster Linie durch die Geschichte des Landes als Zivilisationsstaat geformt. Diese Staatsform hat für Martin Jacques zwei Haupteigenschaften: Erstens ist sie außergewöhnlich langlebig, zweitens muss sie geografisch wie demografisch einer enormen Vielfalt gerecht werden.

China ist nicht so hochgradig zentralisiert, wie im Westen gerne aufgrund des Ein-Parteien-Staats und der Annahme, die KP kontrolliere alle Bereiche des gesellschaftlichen Lebens, geglaubt wird. In China gilt immer noch das alte

Sprichwort: Peking ist weit, und die Berge sind hoch. Weil das Land so groß und so vielfältig ist, müssen Regierung und Verwaltung zwangsläufig ausgesprochen flexibel sein.

Die Legitimität der Volksrepublik und der Partei speist sich nicht aus demokratischen Prozessen. Vielmehr wird der Staat als Hüter, Verkörperung und Verteidiger der chinesischen Zivilisation angesehen. Deren Einheit, Zusammenhalt und Unversehrtheit sicherzustellen, ist seine Aufgabe. Der Staat wird auch als Teil einer größeren Familie begriffen. Damit ist die KP nicht vergleichbar mit den untereinander um die Regierungsmacht konkurrierenden Parteien in den demokratischen Systemen des Westens. Sie hat China und die chinesische Zivilisation von den imperialen Eroberern befreit und führt das Land seit 1949. Sie wird von den meisten daher mehr oder weniger gleichgesetzt mit dem Staat. Die Wiederherstellung der chinesischen Souveränität und die von jedem Chinesen erlebten materiellen Erfolge der letzten Jahrzehnte nach den Katastrophen des »Großen Sprungs« und nach den Wirren der Kulturrevolution sind die Hauptpfeiler für die politische Stabilität des Systems.

China ist eines der wenigen Länder der kapitalistischen Peripherie, das nicht nur die koloniale bzw. halbkoloniale Versklavung durch den Westen abgeschüttelt hat, sondern erfolgreich die allermeisten Menschen aus der absoluten Armut befreit und vielen einen bescheidenen Wohlstand gebracht hat (siehe Abb. 1). Die von der UNO vermeldeten Erfolge der letzten Jahrzehnte bei der weltweiten Armutsbekämpfung gehen vor allem auf das Konto Chinas. Wirtschaftlich schickt sich das Land an, die USA als wirtschaftliche und technologische Führungsmacht abzulösen.

Sein rasanter Aufstieg in den letzten Jahrzehnten war zweifellos auch von glücklichen Umständen begleitet. Die neoliberale Globalisierung öffnete den Weltmarkt für die Produkte der chinesischen Exportindustrie. Die Überakkumulation von Kapital in den reichen Ländern des Westens sorgte gleichzeitig für einen unaufhörlichen Zustrom von Kapital aus dem Westen, das in Chinas schnell wachsender Volkswirtschaft auf höhere Renditen setzte. Weil China viel weniger industrialisiert war als etwa Russland, musste das Land auch relativ wenige veraltete Staatsbetriebe verschrotten. Und weil China so rückständig war – Mitte des 20. Jahrhunderts lag seine Volkswirtschaft weit hinter anderen großen Nationen zurück –, war das Wachstum dann umso stärker.

Die entscheidenden Voraussetzungen für den Aufstieg in den letzten Jahrzehnten aber hatte die chinesische Revolution geschaffen. Erstens durch die Beseitigung feudaler und halbfeudaler Klassenschranken: Während etwa in der indischen Gesellschaft das Kastensystem niemals gesprengt worden ist und damit zig Millionen der Zugang zu Ausbildung und Gesundheitsversorgung bis heute verwehrt ist, setzte China nach der Gründung der Volksrepublik auf die Entwicklung der gesellschaftlichen Produktivkräfte, also vor allem

Abb. 1: Bekämpfung der Armut
Menschen, die von weniger als 1,90 $ am Tag leben müssen (in Mrd.)

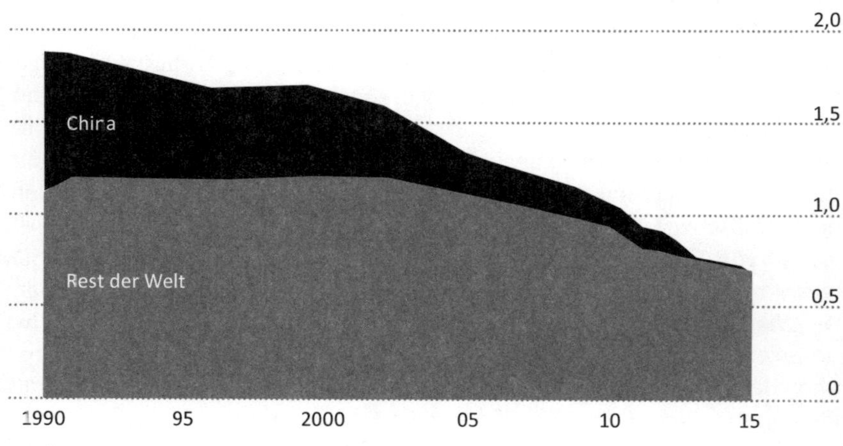

Quelle: Economist, 27.10.2018

auf die Entwicklung eines ausgebildeten und disziplinierten Heeres von Arbeitskräften. Durch die Etablierung machtvoller, funktionierender Mechanismen der wirtschaftlichen Kontrolle – zentrale Steuerung und ein staatlicher Wirtschaftssektor – bei gleichzeitiger Dezentralisierung bekamen die Provinzen eine relative Autonomie.

Falsche Prognosen über Chinas baldigen Kollaps

Schon seit zwanzig Jahren blühen im Westen Spekulationen, die angesichts der immensen Probleme Chinas – von der Völkerwanderung in die Städte über die Umweltverschmutzung bis zur Überschuldung – ein Ende des Booms, tiefe soziale Krisen und letztlich einen Kollaps des chinesischen Staates vorhersagen. Der Zusammenbruch der Sowjetunion hatte doch die Überlegenheit des westlichen Systems bereits hinlänglich demonstriert. Es war (und ist) in den Hauptstädten des Westens schlicht unvorstellbar, dass die autoritäre Ein-Parteien-Herrschaft von Peking bis in das hinterste Dorf angesichts vieler korrupter Parteifunktionäre in der Lage sein konnte, die Vielzahl der Probleme des Riesenlandes zu managen. Seitdem ist der Buchmarkt im Westen voll von Titeln wie »The Coming Collapse of China« von Gordon G. Chang, ein Buch, das schon 2001 erstmals erschien.

Der Volkswirt Thomas Orlik von Bloomberg Economics hat dafür den schönen Begriff der »Sinophrenie« geprägt, der Schizophrenie entsprungen (Orlik

2020). Diese spezielle Krankheit vieler China-Kommentatoren vereint nach Orlik ganz gegensätzliche Ideen, nämlich die Überzeugung vom unmittelbar bevorstehenden Zusammenbruch Chinas mit dem Glauben, dass China gerade die Welt übernimmt. Beide Ideen fokussieren so sehr auf ihre eigene Version der Zukunft, dass sie Chinas aktuelle Entwicklung verpassen.

In den Jahren nach der Finanzkrise 2008 – im selben Jahr stand China bei der Olympiade in Beijing erstmals an der Spitze der Medaillentabelle – ist im Westen neben der Geschichte vom demnächst bevorstehenden Zusammenbruch eine zweite Erzählung dazu gekommen: die Bedrohung der freien Welt durch das aufstrebende autoritäre China, die künftige Supermacht. Im Westen begann damals ein verlorenes Jahrzehnt, während die Volksrepublik international zunehmend selbstbewusst agierte. Die Finanzkrise war im Kern eine Krise des westlichen Finanzsystems, verursacht von der Dominanz der Finanzindustrie und deren Ablösung von der Realwirtschaft. Sie markierte den wirtschaftlichen Zusammenbruch der US-dominierten Weltordnung und entlarvte die Hybris des neoliberalen Washington Consensus. Die Prognose vom Ende der Geschichte nach dem Fall des Kommunismus erwies sich als falsch. Aber während der reiche Westen in Rezession versank und Europas Regierungen die Menschen mit Austeritätspolitik züchtigten, legte China ein gigantisches Konjunkturprogramm auf, um die Auswirkungen der Finanzkrise und des Einbruchs der Exportmärkte abzufedern. In diesem Zuge entstand unter anderem innerhalb weniger Jahre ein Hochgeschwindigkeits-Bahnnetz, das weltweit einmalig ist.

In China sorgte die Finanzkrise für ein Umdenken. Vor der Krise waren die Politiker und viele Intellektuelle noch unentschlossen darüber, ob das Wirtschaftswachstum mit weiteren Privatisierungen und Lockerungen gefördert werden und mehr »Demokratie mit chinesischen Besonderheiten« zugelassen werden sollte. Zudem galt bislang in der Außenpolitik die von Deng Xiaoping nach einem chinesischen Sprichwort formulierte Devise »Verberge deine Stärken und warte ab!« Das Land solle seine wirtschaftliche und technologische Basis weiter ausbauen, aber international möglichst unsichtbar bleiben. Konflikten mit den Großmächten, vor allem den USA, solle man aus dem Weg gehen, solange keine direkten Interessen – etwa in Bezug auf Taiwan oder Hongkong – berührt wurden.

Doch die Finanzkrise und das politische Missmanagement im Westen haben viele Selbstzweifel zerstört. Die Rolle des Staates in der Wirtschaft und die Bedeutung der Staatsunternehmen sind heute unumstritten. Auch offiziell spricht China von seinem Status als Großmacht. Ein Dokument der Regierung, publiziert zum Nationalfeiertag 2019, ist kristallklar in seiner Überzeugung von der Überlegenheit seiner »zentralisierten, einheitlichen und festen Führung« (Xi Jinping 2019). Gleichzeitig hat die Attraktivität des Westens im

Land enorm nachgelassen. Das zeigen auch Umfragen nach den monatelangen anti-chinesischen Demonstrationen 2019 in Hongkong und zuletzt nach den Versuchen der USA, die Schuld für den Ausbruch der Corona-Pandemie der Volksrepublik in die Schuhe zu schieben. Zweifellos hat die neue Frontstellung der USA und des Westens gegen die Volksrepublik aber auch nationalistischen Tendenzen weiteren Auftrieb gegeben.

Die stabile Entwicklung des Landes bleibt das zentrale Anliegen der Führung. Sie will nicht die Welt mit dem »chinesischen Modell« beglücken und keinen ideologischen Kreuzzug für die eigenen Werte führen. Sie wehrt sich aber gegen alle internationalen Versuche, die Einheit des Landes anzutasten und die innere Entwicklung zu behindern. Chinas Repräsentanten treten heute im Ausland selbstbewusster auf und verbitten sich die Einmischung in innere Angelegenheiten. Das kann nur diejenigen verwundern, die Chinas Erfolge nicht anerkennen, die den relativen Abstieg des Westens noch nicht zur Kenntnis genommen haben und denen es nicht um die Verteidigung westlicher Werte in den eigenen Gesellschaften geht, sondern um deren universelle Geltung, ja sogar deren Export, notfalls durch Krieg wie z.B. im Irak. Aus Chinas gewachsenem Selbstbewusstsein gegenüber dem reichen Westen eine zunehmende Aggressivität Chinas und ein Streben nach Weltherrschaft zu konstruieren, ist nicht durch Fakten belegbar.

Zwei Jahrhunderte hat der kapitalistische Westen die Welt dominiert, enorme Reichtümer aus den Kolonien und Halbkolonien in die westlichen Länder transferiert und auch breiten Bevölkerungsteilen im Westen zumindest zeitweilig einen wachsenden Lebensstandard beschert. Aber letzteres hat sich längst geändert. In seinem Buch »Has China Won?« schreibt der Diplomat und Politikwissenschaftler Kishore Mahbubani aus Singapur: »Amerika ist die einzige entwickelte Gesellschaft, in der das Durchschnittseinkommen der unteren Hälfte der Bevölkerung in den letzten 30 Jahren gesunken ist. In der gleichen Zeit haben die Chinesen die größte Verbesserung ihres Lebensstandards erlebt, die es jemals in der chinesischen Geschichte gab ... Die USA sind die unflexible, ideologische, systemisch herausgeforderte Supermacht, während China der anpassungsfähige, pragmatische und strategisch smarte Rivale ist. Amerika verhält sich wie die Sowjetunion, und China agiert wie die USA.« (Mahbubani 2020)

Chandran Nair, malaysischer Unternehmer und Kritiker der Globalisierung, hat schon vor Jahren in der Süddeutschen Zeitung (22.8.2015) die westlichen Wertvorstellungen aus der Sicht der Menschen in Asien kritisiert: »Der Westen argumentiert gerne mit den Menschenrechten, um seine Positionen durchzusetzen. Ich glaube jedoch, dass wir im 21. Jahrhundert neue Prioritäten setzen müssen: Das Recht auf individuelle Freiheit wird hinter das Recht auf sanitäre Anlagen, Elektrizität, sauberes Wasser, sauberes Essen und Bildung zurücktreten. Heute leben allein in Indien 400 Millionen Menschen ohne Strom. Das ist, als lebe die gesamte Europäische Union in kompletter Dunkelheit ... Im Jahr 2060 wird es etwa fünf Milliarden Asiaten geben. Wenn alle diese Menschen denselben Lebensstandard haben wollen wie die etwa 600 Millionen First-Class-Konsumenten in Amerika und Europa heute, wird unser Planet zusammenbrechen ... Schon heute haben mehr Inder ein Handy als eine Toilette ... Deshalb brauchen wir starke staatliche Institutionen, die in die Kapitalflüsse eingreifen können, um für die Menschen die grundlegenden Bedingungen eines würdevollen Lebens zu schaffen. Es ist eine rein westliche Wertvorstellung, die Freiheit des Individuums über die Grundversorgung des Kollektivs zu stellen. Sie ist unter den Bedingungen des 21. Jahrhunderts nicht mehr zu halten ...«

Im Kern geht es den Eliten in den Ländern des Westens darum, Chinas weiteren Aufstieg zu stoppen. Aber wie wollen sie den Aufstieg eines Landes mit 1,4 Milliarden Menschen blockieren, die hart arbeiten und die ein besseres Leben wollen? Müssen sich die Chinesen dauerhaft mit einem viel niedrigeren Pro-Kopf-Einkommen begnügen als die Amerikaner oder die Deutschen? Das ist moralisch nicht vertretbar.

Chinas Erfolge

In den letzten 70 Jahren, also seit der Gründung 1949, hat die Volksrepublik einen historisch beispiellosen Sprung von einer bettelarmen Gesellschaft zur zweitgrößten Volkswirtschaft der Welt gemacht. Damals trug China etwa 1,8% zur Wirtschaftsleistung der ganzen Welt bei. 2019 erreichte die Wirtschaftsleistung über 14.140 Billionen US-$, das sind fast 18% im globalen Vergleich. Kaufkraftbereinigt lag die Wirtschaftsleistung bei über 27.307 Billionen US-$ und damit weltweit an erster Stelle. In konstanten Preisen gerechnet stieg sie von 1952 bis 2018 um das 174-fache, mit einem durchschnittlichen Wachstum von 8,1% jährlich. Pro Kopf der Bevölkerung lag sie im Jahr 2019 bei 10.276 US-$. Im Jahr 2000 lag der Wert gerade einmal bei 1.000 US-$. Die Weltbank klassifiziert Länder mit einer Pro-Kopf-Wirtschaftsleistung zwischen 1.000 und 12.000 US-$ als Länder mit mittlerem Einkommensniveau. Zum Vergleich: In Deutschland lag sie 2019 bei 41.350 € oder umgerechnet 45.400 US-$.

Die Lebenserwartung der Chinesen hat sich seit 1949 mehr als verdoppelt und betrug 2019 79 Jahre bei den Frauen und über 75 Jahre bei den Männern. 1956 entfiel auf jeden Chinesen ein verfügbares Pro-Kopf-Einkommen von nur 98 RMB im Jahr. 2018 lag das verfügbare Pro-Kopf-Einkommen bei 28.228 RMB. Damit hat sich in China eine Konsumgesellschaft mit Massenkaufkraft entwickelt, mit den typischen Signaturen wie Supermärkten und Einkaufszentren. Schon seit Jahren ist China der größte PKW-Markt der Welt, langlebige

Konsumgüter wie Fernseher, Kühlschränke und Waschmaschinen finden sich auch in jedem Haushalt auf dem Lande.

Als erstes Entwicklungsland hat China die Ziele der Vereinten Nationen in der Armutsbekämpfung erreicht. Wenn herausgestellt wird, dass die internationale Gemeinschaft in den letzten Jahrzehnten die absolute Armut in der Welt erfolgreich reduziert hat, so ist das in erster Linie der Beitrag der Volksrepublik. Ende 1978 lebten noch etwa 770 Millionen Chinesen auf dem Land in absoluter Armut, gemessen an der Armutsdefinition von 2010. 97,5% der Landbewohner galten als arm, Armut war also allgegenwärtig. Ende 2012, nach mehr als 30 Jahren, war die Zahl der Landbewohner in absoluter Armut auf knapp 99 Millionen gefallen, die rurale Armutsquote auf 10,2% gesunken. Nach Angaben der Vereinten Nationen hatte China das Hungerproblem schon 2005 gelöst. Auf ihrem 18. Parteitag 2012 verkündete die Kommunistische Partei das ambitionierte Ziel, bis 2021 werde die absolute Armut ganz ausgerottet sein, pünktlich zum 100-jährigen Jubiläum der Gründung der KP. Schon Ende 2018 war die Zahl der armen Landbewohner auf 16,6 Millionen gefallen, ein Rückgang um 82,39 Millionen in sechs Jahren. Damit lebten 2018 nur noch 1,7% der Landbewohner in absoluter Armut.

Ein weiteres Erfolgskapitel ist die Infrastruktur. Jeder China-Besucher erlebt eine moderne Infrastruktur, die weltweit ihresgleichen sucht. Das Hochgeschwindigkeitsnetz ist 29.000 Kilometer lang mit vier Nord-Süd- sowie vier Ost-West-Hauptstrecken, die ganz China durchziehen. Damit entfallen auf China mehr als 60% der Hochgeschwindigkeitsstrecken in der ganzen Welt. Auf der Strecke zwischen den Metropolen Beijing und Shanghai (etwa 1.100 km) verkehren die Hochgeschwindigkeitszüge tagsüber im S-Bahn-Takt etwa alle 15 Minuten und machen mit 4,5 Stunden Fahrzeit Inlandsflüge zwischen den Städten überflüssig. In vielen der 113 Millionenstädten gibt es U-Bahn-Netze. Das ganze Land wird inzwischen von Schnellstraßen und Autobahnen durchzogen. Auch im entlegenen Tibet mit acht Millionen Menschen auf einer Fläche von 1,2 Millionen Quadratkilometern gibt es nicht nur gut ausgebaute Straßen über die Hochebenen des Himalayas, die immer mehr Touristen aus den Ballungszentren anziehen. Auch auf den Hochebenen funktioniert der 4G-Mobilfunk.

Nicht nur bei Hochgeschwindigkeitszügen, sondern auch bei anderen Schlüsseltechnologien dominieren weltweit chinesische Unternehmen oder spielen in der Spitzengruppe mit. Das gilt für die erneuerbaren Energien, für die Hochspannungs-Stromübertragung über riesige Distanzen, alternative Antriebe und autonomes Fahren, digitale Zahlungssysteme, die 5G-Telekommunikation und für Künstliche Intelligenz.

Ohne wesentliche Fortschritte in der allgemeinen Schulbildung und bei der Ausbildung der Arbeitskräfte wäre das Wirtschaftswunder nicht möglich gewesen. In Zeiten der Gründung der Volksrepublik war das allgemeine Bildungsniveau sehr niedrig. Die Einschulungsquote für Kinder lag bei nur etwa 20%, vier von fünf Chinesen waren Analphabeten. Bis in die 1970er Jahre lag deshalb der Schwerpunkt der Regierungspolitik auf dem Ausbau der allgemeinen Schulbildung. 1978 war Grundschulunterricht universell, die Einschulungsquote der Kinder im schulpflichtigen Alter erreichte 95%. 1982 waren nur noch knapp 23% aller Chinesen Analphabeten. 2018 absolvierten 94% die neunjährige Schulpflicht.

Mit den Wirtschaftsreformen im Jahr 1978 wurde ein Schwerpunkt auf die Stärkung der Hochschulausbildung und damit der wissenschaftlichen und technologischen Ausbildung gelegt. Die Innovationen und wissenschaftlichen Kompetenzen des Landes erfordern hoch qualifizierte Arbeitskräfte. Über 28 Millionen Studenten waren 2018 im Bachelorstudium. In dem Jahr studierten 48% eines Jahrgangs, mehr als in Deutschland im gleichen Jahr. China hat sich am amerikanischen System der höheren Ausbildung orientiert, mit Spitzenuniversitäten und hohen Studiengebühren. Die berufliche Bildung mit viel theoretischem und wenig praktischem Unterricht findet nur an Berufsschulen statt. Modelle einer mehrjährigen, dualen Ausbildung sind dagegen selten, weil Privatunternehmen und auch Staatskonzerne die Kosten angesichts geringer Firmenbindung der Beschäftigten und der üblichen Fluktuation scheuen.

Die erstaunliche Flexibilität des chinesischen Systems

Viele glauben, dass das chinesische Regierungssystem sich nicht ändert, es sich nicht reformiert. Schließlich regiert doch die KP seit über 70 Jahren. Im Westen zählen nur Reformen im Sinne westlicher Modelle, die in Richtung Demokratie gehen. Aber tatsächlich hat sich das chinesische Regierungssystem ständig und in einem Maße reformiert, gegen das die Systeme im Westen im Vergleich strukturell verkrustet sind. Denn zur chinesischen Erfolgsbilanz gehört auch eine erstaunliche Flexibilität, Reformbereitschaft und Anpassungsfähigkeit des politischen Systems. Das belegen besonders die letzten Jahrzehnte erfolgreicher Reformpolitik, nach dem Ende der Kulturrevolution und nach dem Tod Mao Zedongs 1976.

Zunächst wurde die chinesische Volkswirtschaft, beginnend mit der Landwirtschaft, marktwirtschaftlich geöffnet und die Planwirtschaft schrittweise abgelöst. Als diese Reformen aus dem Ruder liefen, die Preise explodieren ließen und zu sozialen und politischen Protesten führten, kulminierend in den blutig niedergeschlagenen Demonstrationen 1989 auf dem Tian'anmen-Platz in Peking, korrigierte die Partei ihre Politik: Sie verschärfte einerseits die politische Kontrolle und Repression und sorgte andererseits für eine bessere Versorgung und wachsenden Wohlstand in den Städten. Wirtschaftssonderzonen lockten ausländische Investoren, die im großen Maßstab Fertigungen aus den USA und Europa nach China verlagerten. Die »Fabrik der Welt« entstand, während unrentable Staatsbetriebe geschlossen wurden und Millionen Menschen ihre Arbeitsplätze verloren. Der Beitritt zur Welthandelsorganisation (WTO) 2001 markiert den Höhepunkt der Entwicklung des exportorientierten Wirtschaftsmodells. Eine neue Entwicklungsphase begann spätestens mit der Finanzkrise 2008, als die chinesische Führung angesichts des Einbruchs der Exportmärkte und wegen der unausgeglichenen Entwicklung des Landes zu mehr Binnenkonsum umsteuerte und gleichzeitig gigantische Infrastrukturinvestitionen auflegte. In all diesen Zyklen hat China die Fähigkeit bewiesen, massive krisenhafte Einbrüche zu verhindern. Die chinesische Regierung hat die Asienkrise 1997 und die Finanzkrise 2008 gemeistert und nach 2015 Einbrüche an den chinesischen Kapitalmärkten gestoppt und massiven Kapitalabflüssen einen Riegel vorgeschoben.

In den ersten 30 Jahren seit Beginn der Wirtschaftsreformen ging es zunächst um das von Deng Xiaoping 1979 formulierte Ziel, eine »Gesellschaft mit bescheidenem Wohlstand« zu schaffen. Die Chinesen sollten besser leben. Sie sollten nicht mehr täglich den Kampf um die Subsistenz, um ihr Überleben führen müssen. Seit über einer Generation ist für die meisten Chinesen ein Leben mit bescheidenem Wohlstand Realität. Jetzt diskutiert die Regierung, wie sie verhindern kann, dass Chinas weitere Entwicklung stagniert. Das Land soll, nachdem es in einer rasanten Aufholjagd zu anderen Ländern mit mittleren Einkommen aufgeschlossen hat, nicht in der »middle-income trap« gefangen bleiben. Nach dieser ökonomischen Theorie basiert das erfolgreiche Aufschließen zu anderen Ländern mit mittlerem Einkommensniveau zunächst auf der Ausnutzung der vergleichsweise günstigen Arbeitskosten. Der nächste Entwicklungsschritt zu einem wohlhabenden Land setzt aber qualifizierte Arbeitskräfte voraus. Nach den bisherigen Erfahrungen spricht vieles dafür, dass China auch einen solchen Schritt meistern kann.

Dabei ist es nicht vorstellbar, dass der chinesische Staat, das Regierungssystem, in wenigen Jahrzehnten solch eine gigantische Transformation von einer geplanten Ökonomie mit einer vorwiegend agrarischen Bevölkerung zu einer staatlich gesteuerten Marktwirtschaft mit einem Urbanisierungsgrad von derzeit 61% managen konnte, ohne die staatlichen und gesellschaftlichen Institutionen immer wieder zu reformieren. Statt das chinesische System als fragil und dysfunktional hinzustellen, sollten wir es nach den Erfahrungen der letzten Jahrzehnte als eine außerordentlich erfolgreiche Institution begreifen, von der die Welt lernen muss.

Für Martin Jacques dominiert im Westen ein sehr kurzsichtiger, unhistorischer Blick auf Chinas Aufstieg. Nach der westlichen Logik ist das politische System die Achillesferse des Landes. Weil das Land keine demokratischen Strukturen hat, könne das chinesische Regierungssystem nicht nachhaltig sein und deshalb langfristig nicht bestehen. Dabei hat sich das chinesische System als erstaunlich erfolgreich erwiesen. Es hat in den letzten Jahrzehnten die größte wirtschaftliche und gesellschaftliche Transformation der modernen Geschichte gemeistert. Der Staat ist äußerst kompetent, zu strategischem Denken fähig, gleichzeitig pragmatisch und experimentierfreudig. Mit weiterem Wachstum und einem höheren Lebensstandard breiter Gesellschaftsschichten dürfte die Unterstützung für die chinesische Führung noch wachsen.

Die gegenwärtige Unterstützung für die chinesische Führung ist aber nicht nur eine Funktion des Wirtschaftswachstums und des wachsenden Wohlstands. Im Westen wird oft gedacht, dass Demokratie die einzige Quelle der Legitimität einer Regierung sei. Aber seine Legitimität zieht der chinesische Staat auch aus der chinesischen Geschichte. Familie und Staat sind die wichtigsten Institutionen seit Jahrtausenden. Der chinesische Staat gilt, wie schon angesprochen wurde, als Wächter und Verkörperung der chinesischen Zivilisation und pflegt eine familiäre Beziehung zur Bevölkerung. Andere Charakteristiken des chinesischen Staates – die Betonung des Leistungsprinzips und eine kompetente staatliche Verwaltung – haben ähnliche Wurzeln.

Die historische Erfahrung hat die Chinesen gelehrt: Wenn der Staat schlecht funktionierte, ging es dem Land und der Bevölkerung schlecht, beispielsweise in der Periode vom ersten Opiumkrieg 1839 bis 1949, die in China als Jahrhundert der Demütigung bezeichnet wird. Nach dieser Zeit eines desaströsen Zerfalls des Landes hat es die KP in den vergangenen Jahrzehnten geschafft, den chinesischen Staat zu erneuern und seine wichtigsten historischen Charakteristiken im modernen Kontext wiederherzustellen: die entscheidende Rolle des Staates für die wirtschaftliche und gesellschaftliche Entwicklung, eine funktionierende Verwaltung mit hoher Wirksamkeit und ein auf Leistung basierendes Auswahlsystem für Führungspositionen in Partei und Staat.

Will China die Weltherrschaft?

In den Politik- und Medienzirkeln im Westen wird immer lauter beklagt, dass China international zunehmend aggressiv auftrete. Als Beispiele werden dann u.a. der aktuelle Grenzkonflikt mit Indien im Himalaya, chinesische Militärmanöver vor Taiwan, das Agieren Chinas in Hongkong oder der Streit um Inselgruppen im südchinesischen Meer aufgeführt.

Eine große Strömung sieht inzwischen auch einen neuen Kalten Krieg zwischen dem jetzigen Hegemon USA und China heraufziehen. China sei nicht nur auf dem Weg zu einer neuen Supermacht. Es wolle sein Modell auch in die ganze Welt exportieren. Damit sei die freie Welt, gemeint ist der Westen, in Gefahr. Chinas Wende zu mehr Autokratie sei deshalb eine Herausforderung für die Welt, befürchtet die Financial Times in einem Kommentar (30.12.2019). Als Beleg für die Befürchtungen, dass China mit seinem Politik- und Gesellschaftsmodell die Welt beglücken will, wird beispielsweise auf eine Konferenz 2019 in Peking mit dem Titel »Significance of China´s Social Governance to the World« verwiesen. Auch Reden und Stellungnahmen von Xi Jinping dienen als Beweise:

Man solle es nicht für bare Münze nehmen, wenn China erklärt, es strebe nicht nach der Niederlage des Kapitalismus in der Welt, schreibt George Magnus, Wissenschaftler aus Oxford und Leiter des dortigen China Centre, in der Financial Times (3.8.2020). China habe prosperiert durch die Verschmelzung von Elementen des Kapitalismus und die Schaffung von Märkten mit seinem staats- und parteizentrierten Modell. Als Xi 2012 an die Macht kam, erklärte er: »Wir müssen uns darauf konzentrieren ... einen Sozialismus zu schaffen, der dem Kapitalismus überlegen ist, und die Grundlagen für eine Zukunft zu schaffen, in der wir die Initiative gewinnen und eine dominante Position haben.« In verschiedenen Reden habe Xi Jinping erklärt, dass China einen neuen Weg für Entwicklungsländer zeige. Wir sollten deshalb nicht den Fokus verlieren, mahnt Magnus. Die von Xi verkündete »neue Ära« der internationalen Beziehungen höre sich zwar besser an als der frühere Kalte Krieg. Aber die von Xi Jinping propagierte »neue Ära« sei nichts weniger als ein ideologischer Wettbewerb, eine Konkurrenz von zwei Systemen.

Was ist von solchen Einschätzungen zu halten? Alle Belege für die angeblich zunehmend aggressive Außenpolitik Chinas beziehen sich auf Auseinandersetzungen, in denen die staatliche Souveränität Chinas berührt ist, in denen es zumindest aus chinesischer Sicht um chinesisches Hoheitsgebiet geht. Das mag im Einzelfall strittig sein, und wahrscheinlich hat China in der Vergangenheit auch im Einzelnen weniger energisch auf seinen territorialen Ansprüchen z.B. im Südchinesischen Meer beharrt. Aber es gibt keinerlei Versuche Chinas, etwa international oder auch nur regional militärisch einzugreifen.

Der Ökonom Jeffrey Sachs von der Columbia University in New York beklagt in der Financial Times (10.6.2020) die Behauptungen über Chinas angeblich aggressives Auftreten »ohne die leisesten Hinweise auf die aggressiven und expliziten Versuche der USA, China nach dem alten Lehrbuch der US-Außenpolitik einzudämmen. Die USA haben verschiedene Kriege gestartet, haben hunderte Militärbasen im Ausland, brechen einen internationalen Vertrag nach dem anderen, starten zunehmend schrille, einseitige Handels- und Technologiekriege gegen China, machen äußerst umstrittene Vorwürfe gegen China wegen der Covid-19-Pandemie ohne die behaupteten enormen Beweise. Sie fordern ihre Bündnispartner explizit auf, sich gegen China zu verbünden. Das gegenwärtige Drehbuch der US-Außenpolitik ist geprägt von dem Interesse der USA, ihre Vorherrschaft überall aufrechtzuerhalten.«

Auch ein Blick in Chinas jüngere Geschichte gibt keinen Hinweis darauf, dass Xi Jinping und die KP heimliche Welteroberungspläne schmieden. Eher das Gegenteil ist der Fall. Jedes chinesische Schulkind kennt Chinas Geschichte auswendig. Noch im 18. Jahrhundert waren China (und ebenso Indien) wirtschaftlich hoch entwickelte Länder. Auf China und Indien entfiel die Hälfte der gesamten Wirtschaftsleistung der Welt. Aber im Zeitalter des Kolonialismus und Imperialismus im 19. und 20. Jahrhundert wurde China von den Kolonialmächten des Westens und später von Japan ausgeplündert. China war zum Spielball fremder Länder geworden.

Die Rhetorik von Xi Jinping zielt darauf ab, den Wiederaufstieg Chinas als eines großen, international wichtigen Landes plausibel zu machen. China will international als Großmacht respektiert werden, die zur Neugestaltung einer bislang US-dominierten Weltordnung beitragen will. Damit gilt zwar nicht mehr die früher von Deng Xiaoping propagierte Außenpolitik nach dem Motto: »Den Ball flach halten«. Angesichts seiner jetzigen wirtschaftlichen Stärke und seines Einflusses kann China kaum anders agieren. Doch »aggressive Supermacht« geht anders.

2017 gab Xi Jinping einen Hinweis auf Chinas langfristiges Denken, als er erklärte, China habe jetzt auch einen Fahrersitz in internationalen Angelegenheiten und wolle größere Beiträge für die Menschheit leisten. Das bedeutet nicht, Länder mit Chinas Modell vom »Sozialismus mit chinesischer Prägung« zu beglücken. Die KP will sicherstellen, dass andere Mächte dem Land nicht in die Quere kommen. Die Regierung arbeitet daran, seine Diplomaten in einflussreichen Positionen in multilateralen Institutionen zu etablieren, sodass sie die globalen Regeln etwa über Internet-Governance oder über Menschenrechte mitgestalten können. Wie die Corona-Pandemie gezeigt hat, arbeitet China konstruktiv in der Weltgesundheitsorganisation WHO mit.

Chinas KP und der Staat haben also zweifellos internationale Ambitionen. Aber zugleich sind sie sehr vorsichtig im Angesicht der riesigen Aufgabe, ein Land mit 1,4 Mrd. Menschen zu regieren. Chinas Größenordnung macht den entscheidenden Unterschied. Die Größe und Komplexität Chinas setzt jedes politische System und die Entscheidungsträger unter extremen Druck. Denn es gibt genügend Probleme im Land. Zwar wird China demnächst die USA überholen und die weltgrößte Wirtschaftsmacht sein. Für mehr als 120 Länder ist China jetzt schon der wichtigste Handelspartner. Kaufkraftbereinigt ist Chinas Wirtschaftsleistung schon seit Jahren höher als die der USA.

Aber angesichts von 1,4 Milliarden Einwohnern relativiert sich dieser Vergleich. So ist pro Kopf Chinas Wirtschaftsleistung nicht höher als die von Mexiko oder der Türkei. Es ist also noch viel Luft nach oben. Die KP und die Regierung haben deshalb klare Prioritäten: Bis 2025 soll China zur Liga der Länder mit höherem Pro-Kopf-Einkommen aufschließen und bis 2050 zu den 30 reichsten Volkswirtschaften in der Welt gehören. Der Fokus ist die weitere Entwicklung des eigenen Landes. Aber nicht der Aufbau eines weltweiten Imperiums etwa mit Militärstützpunkten, Agenten und Truppen rund um den Globus, das die globale politische und militärische Dominanz der USA herausfordern soll.

Es besteht zudem die Gefahr einer permanenten strukturellen inneren Überdehnung und einer Überforderung des Systems und seiner Institutionen. Das macht eine imperiale Rolle Chinas in der Welt sehr unwahrscheinlich. Daher wird es nicht zu einer Ablösung des Hegemons USA kommen. Die zentralen Interessen der chinesischen Politik sind die weitere Modernisierung des Landes, die politische Stabilität und der Erhalt des Regimes sowie die Einheit Chinas. Diese Interessen werden sich langfristig kaum ändern. China wird daher vor allem eine nach innen gewandte Supermacht werden, die allerdings gerade aufgrund dieser Perspektive ihre weltpolitischen Interessen völlig unsentimental verfolgen wird. Militärisch wird sich das Land vor allem auf seinen regionalen Einfluss ausrichten, weil davon der Schutz seiner Grenzen und die Einheit des Landes abhängen.

Die wirtschaftliche Vormachtstellung reicht allein nicht, um aus dem Land eine Supermacht zu machen. Darauf hat der britische Historiker Adam Tooze hingewiesen (Financial Times, 24.5.2014). Ökonomische Macht allein mache aus China keine Supermacht. Es habe eine Umwälzung der globalen politischen Verhältnisse gebraucht, um den USA die Chance zu bieten, ihre industrielle und finanzielle Stärke auszuspielen. Ökonomische Kapazität alleine ist demnach keine Quelle von Macht. »Darin liegt der Unterschied zwischen Chinas Aufstieg und dem Aufstieg der USA. Die USA stiegen auf vor dem Hintergrund eines totalen Krieges, der Europas Militärmacht ausgelaugt hatte und der das perfekte Vehikel für Amerika bot, seine industrielle und technologische Stärke auszuspielen ... Die USA beanspruchten die demokratische Führung in der Welt, als der Krieg alle traditionellen Standards der Legitimität untergraben hatte ... Für China bietet sich keine solche Möglichkeit. Seine relative finanzielle und wirtschaftliche Stärke ist weit geringer als die der USA im frühen 20. Jahrhundert ... Will Beijing zu einem neuen Kreuzzug für eine Modernisierung mit chinesischen Charakteristiken aufrufen? Sicher nicht ...«

International will China vor allem Geschäfte machen. Das Land will Produkte aus den chinesischen Fabriken verkaufen, mit Auslandsinvestitionen neue Absatzmärkte erschließen und sich Zugriff auf Technologien sichern. Außerdem muss das rohstoffarme Land, das fast die Hälfte der Weltproduktion von Kupfer, Eisen etc. verbraucht, seinen riesigen Rohstoffbedarf absichern. Geschäftliche Interessen dominieren die chinesische Politik in den Ländern Afrikas und in anderen Regionen des globalen Südens.

Auch hinter dem von Xi Jinping 2013 angekündigten Projekt der »Neuen Seidenstraße«, die Ost- und Südasien, Europa und den Nahen und Mittleren Osten auf dem Landweg und maritim enger verknüpfen soll, stehen in erster Linie wirtschaftliche Überlegungen: Für Chinas Baukonzerne, nach vielen Jahren Bauboom jetzt von Überkapazitäten geplagt, winken lukrative Infrastruktur-Großprojekte. Weil die »Neue Seidenstraße« für einen wirtschaftlichen Turbo in den beteiligten Ländern sorgen kann, ergeben sich neue Geschäftsmöglichkeiten für chinesische Unternehmer. Der kambodschanische Präsident Hun Sen, der China als den »vertrauenswürdigsten Freund Kambodschas« bezeichnet, sagt: »Die Chinesen bauen Straßen und Brücken, und es gibt keine komplizierten Bedingungen.« (Financial Times, 27.1.2017) China will die Entwicklung von Ländern durch die Finanzierung und den Bau von Infrastruktur fördern. Das wird zugleich Märkte für Chinas Produkte schaffen. Das ist auch der simple strategische Gedanke hinter der »Neuen Seidenstraße«.

Gleichzeitig ist die Initiative ein großes geopolitisches Programm, um die Distanzen zwischen Ost und West wesentlich zu verkürzen und China als vorherrschende eurasische Macht zu etablieren. Der britische Historiker Peter Frankopan hat darauf hingewiesen, dass mit dem Projekt der »Neuen Seidenstraße« auch die Jahrtausende alte Idee des eurasischen Großkontinents wiederbelebt wird (Frankopan 2015). Langfristig könne sich das Zentrum der Weltwirtschaft vom Atlantik zurück nach Eurasien verlagern. Ob die chinesischen Strategen auch solche Gedanken hatten, ist eine andere Frage. Definitiv sichert China damit aber seine wirtschaftliche Einflusssphäre ab.

China hat eine andere Vorstellung von Globalisierung als das westlich-liberale Projekt einer Welt, die vom Westen dominiert ist. Xi Jinping verteidigte diese 2017 vor der in Davos versammelten globalen Elite. Er beschränkte sich damit aber nur auf die Aspekte der Globalisierung, von denen China profitiert, also den freien Handel. Gleichzeitig beharrt China in den internationalen Beziehungen auf dem Prinzip der Nichteinmischung in die inneren Angelegenheiten anderer Länder, anders als das liberale Projekt der Globalisierung, das Freiheit für das Kapital und gleichzeitig die Übernahme westlicher Werte und Demokratiemodelle impliziert. George Yeo, der frühere Außenminister Singapurs, wird in der Financial Times (27.1.2017) zitiert: »Die Chinesen wollen nicht die Rolle der USA in der Welt spielen ... Egal ob es um Cyberspace, Kulturpolitik oder Kapitalmärkte geht: China wird sich niemals dem Rest der Welt anpassen.«

Chinas Investitionen und diplomatische Allianzen konzentrieren sich auf den globalen Süden. In diesem Sinn denkt das Land nicht global, sondern sub-global. Es will mit den Ländern zusammenarbeiten, in denen seine Entwicklungspolitik einen Unterschied macht und China gleichzeitig von Forderungen des Westens verschont bleibt, sein politisches System nach dessen Vorbild zu liberalisieren.

Kapitel 2
Klassengesellschaft zwischen Kommunismus und Plutokratie

»Deutschland sozialistischer als China!« platzierte die Bild-Zeitung 2005 provokativ auf der Titelseite zum Staatsbesuch des damaligen chinesischen Staatspräsidenten. Gemeint war damit die soziale Ungleichheit, die in dem sich als sozialistisch bezeichnenden und von einer Kommunistischen Partei geführten China schon damals weit höher war als in Deutschland, wo gerade Hartz IV eingeführt wurde. An der krassen sozialen Ungleichheit in China hat sich bis heute wenig geändert, auch wenn in den letzten fünf Jahren das Gefälle bei Einkommen und Vermögen kaum noch gewachsen ist.

Deng Xiaoping, der 1978 im damals weitgehend egalitären China die marktorientierten Reformen startete, hielt sich nicht lange mit Sozialismus-Definitionen auf. Was das Leben und die Lebensqualität für die Menschen verbesserte, war für ihn sozialistisch. Die Zulassung privater Unternehmen würde die Lebensbedingungen der chinesischen Bevölkerung verbessern. Dazu gehöre auch die zeitweilige Akzeptanz wachsender sozialer Ungleichheit. Die KP verkündete damals: »Reich werden ist ehrenvoll!« Deng Xiaoping erklärte wiederholt, es sei gut, wenn zunächst einige wenige wohlhabend würden; mit der Zeit würde auch die Masse der Bevölkerung zu mehr Wohlstand gelangen. Das war die inoffizielle chinesische Variante des neoliberalen »Trickle-down«-Glaubens, demzufolge das Wachsen des Reichtums bei einer kleinen Gruppe nach und nach auch für mehr Wohlstand bei den unteren Einkommensgruppen sorgt.

In der Tat hat sich das Leben von vielen hundert Millionen Chinesen, gemessen an Indikatoren wie Einkommen, Alphabetisierung oder auch Glück, in den letzten Jahrzehnten enorm verbessert. Gleichzeitig liegt China weltweit mit an der Spitze bei der Ungleichheit der Einkommen und der Vermögen. Die Ungleichheit ist in den letzten 40 Jahren explodiert. Der starke Staat spielt zwar eine dominante Rolle in der wirtschaftlichen Entwicklung. Aber der chinesische Staat ist nicht sehr effektiv bei der Umverteilung des gesellschaftlichen Reichtums und bei der Organisation öffentlicher Dienstleistungen. Öffentliche Dienstleistungen werden zwar bezuschusst. So gibt es eine seit dem Jahr 2000 immer weiter ausgebaute Sozialversicherung. Aber gerade die Corona-Krise in China hat gezeigt, dass das soziale Netz noch löchrig ist. Viele Chinesen können sich keine vernünftige Ausbildung für ihre Kinder leisten, in den Landgebieten müssen immer noch Millionen Kinder vorzeitig die Schule abbrechen. Für größere Operationen müssen arme Chinesen manchmal Verwandte und Bekannte anpumpen. Die Einnahmen des chinesischen Staates – vom Zentralstaat bis zu den Lokalbehörden – kommen nur zum geringen Teil aus Steuern. Hohe Einkommen und große Vermögen werden viel weniger besteuert als etwa in Deutschland oder in den skandinavischen Ländern.

Wachsende Mittelschicht und die Superreichen

Noch 1980, einige Jahre nach dem Ende der Kulturrevolution, war China eine egalitäre Gesellschaft. Nur 30 Jahre später, so eine Studie der Peking-Universität von 2015, zählte das Land zu den Ländern mit der größten sozialen Ungleichheit: Die reichsten 1% der Haushalte besitzen ein Drittel der gesamten Vermögen, während die ärmsten 25% der Haushalte insgesamt gerade ein Prozent der gesamten Vermögen besitzen. (Financial Times, 15.1.2016) China hat mehr Milliardäre als jedes andere Land auf dem Globus, die USA eingeschlossen. Die größten chinesischen Vermögen sind in der Industrie, mit Immobilien und im Technologiesektor gemacht worden.

Aber China hat nicht nur Reiche und Superreiche, sondern inzwischen auch eine große, kaufkräftige städtische Mittelschicht, die nach verschiedenen Schätzungen bis zu 300 Millionen Haushalte umfasst. 2019 waren etwa 150 Millionen Chinesen als Touristen im Ausland. Chinas Mittelschicht-Haushalte sind der Traum der Marketingstrategen der globalen Konsumgüter- und Luxuskonzerne und der deutschen Autoindustrie. Armani, Gucci etc. machen etwa 40% ihres weltweiten Geschäftes mit China. Zu dieser großen städtischen Mittelschicht gehören Staatsbedienstete, Angestellte der Staatskonzerne und von größeren Privatunternehmen, Freiberufler etc. Sie sind bislang die Stützen der Regierung und der KP und haben in den letzten Jahrzehnten besonders von der staatlichen Wirtschaftspolitik und von der jahrzehntelangen Umverteilung von der Landbevölkerung zur städtischen Bevölkerung profitiert. Das gilt auch für die Entwicklung des Immobilienbesitzes: Nur fünf Prozent des gesamten Wohnungsbestandes sind staatlich, während über 90% aller chinesischen Haushalte Eigentumswohnungen (oft auch mehrere) haben. Wohneigentum ist die wichtigste Vermögensanlage der Chinesen angesichts magerer Renten und Null-Renditen bei Sparanlagen. Die Bevorzugung der städtischen Mittelschichten zulasten der Landbevölkerung ist schon seit 1990, nach den Demonstrationen auf dem Pekinger Tian'anmen-Platz und in anderen Städten, statistisch fassbar: Danach erreichten die durchschnittlichen Pro-Kopf-Einkommen auf dem Land für Jahrzehnte kaum 40% der Durchschnittseinkommen in den Städten.

Chinas Wohlhabende geben ihr Geld nach dem wirtschaftlichen Stillstand im Frühjahr 2020 infolge der Pandemie wieder mit vollen Händen aus. Im zweiten

Abb. 2: Erhöhte Nachfrage nach Luxuskarossen
Verkaufte Einheiten in Shanghai (in Tausend)

Quelle: Financial Times, 19.8.2020

Quartal 2020 ist im Vergleich zum Vorjahresquartal der Absatz von Luxusautos um 25% gestiegen, in Shanghai sogar um 100% (siehe Abb. 2). Viele Autohändler haben deshalb Rabatte gekürzt oder ganz gestrichen. Prada registrierte im Juli in China 60% mehr Umsatz als im Vorjahr. Die Financial Times (19.8.2020) berichtet von einer Pekinger Unternehmerin, die ihren 120 Beschäftigten die Löhne um 30% gekürzt und zur gleichen Zeit ihre Jahresmitgliedschaft bei einem Pekinger Schönheitssalon für 150.000 RMB (= ca. 19.500 €) erneuert hat. Ein Wissenschaftler einer Pekinger Denkfabrik erklärte laut Financial Times dazu: »Die Regierungspolitik hat es versäumt, den Abstand zwischen Arm und Reich, der mit dem Ausbruch von Covid-19 größer wurde, einzudämmen. Das wird die Erholung des privaten Konsums dämpfen, weil es sehr viel mehr Haushalte mit niedrigen Einkommen als mit höheren Einkommen gibt.«

Eine aktuelle Studie von über 5.000 Haushalten kam zu dem Ergebnis, dass Haushalte mit über 300.000 RMB Jahreseinkommen im zweiten Quartal 2020 mehr Geld zur Verfügung hatten als im gleichen Quartal des Vorjahres. Dagegen hatten alle anderen Haushalte weniger Geld als im Vorjahr. Die Haushalte mit einem Jahreseinkommen von unter 50.000 RMB hatten die größten Einbußen. Zur besseren Einordnung: Chinas höchster Mindestlohn lag 2018 bei 2.400 RMB monatlich in Shanghai. Ein Kurierbote konnte dort 2018 monatlich bis zu 10.000 RMB verdienen.

Corona: Die Armen tragen die Last der Pandemie

Die wirtschaftlichen Auswirkungen der Corona-Pandemie werden noch Jahre Spuren hinterlassen. Monatelange strikte Reise- und Ausgangsbeschränkungen, die Abriegelung ganzer Regionen, die Schließung von Arbeitsstätten, Schulen und Universitäten und harte Einschränkungen des alltäglichen Lebens haben die ärmeren Schichten der chinesischen Gesellschaft besonders belastet. Von den fast 300 Mio. Arbeitsmigranten aus den weit entfernten Landgebieten, die heute in den Metropolen und Industriezonen an der ostchinesischen Küste arbeiten und zum chinesischen Neujahrsfest in ihrer Heimat waren, konnten viele Millionen wegen Quarantäne und Reisebeschränkungen monatelang nicht zurück an ihre Arbeitsplätze und verloren damit oft ihren Lebensunterhalt.

Taxifahrer hatten nur noch ein Zehntel der Einnahmen im Vergleich zu vor der Krise. Etwa 230 Mio. Chinesen arbeiten als Selbstständige oder in privaten Kleinstbetrieben, Restaurants etc. Diese waren besonders von der Krise betroffen, denn sie haben wenig Eigenkapital. Geld von den Staatsbanken zu bekommen ist für sie schwer. Im Februar 2020 machten Kleinbetriebe nur 50% der Umsätze im Vergleich zum Vorjahr. In der von der Epidemie besonders betroffenen Provinz Hubei mit einer Einwohnerzahl so groß wie Frankreich waren die Umsätze sogar um 70% gefallen. Die Chinesen decken ihren privaten Konsum besonders außerhalb der Metropolen nicht über Supermärkte, sondern zu einem Drittel über eine Unzahl kleiner Geschäfte.

In der zweiten Märzwoche 2020 gab es in wenigstens sechs chinesischen Städten Proteste wegen Arbeitsplatzverlusten und Einkommenseinbußen. Auf einem Video von einer Demonstration in der Metropole Shenzhen gegenüber der Sonderwirtschaftszone Hongkong trugen Ladeninhaber selbstgemalte Transparente und riefen »Mieten senken!«, während die Polizei die Protestierenden mit Lautsprechern vor der Verbreitung des Virus warnte. Nach einer Studie einer unabhängigen chinesischen Forschungseinrichtung auf Basis von 120.000 Interviews (zitiert nach Financial Times, 16.3.2020) kommt ein Fünftel der Haushalte nur gut zwei Monate ohne laufendes Einkommen über die Runden, und 40% aller Haushalte haben Reserven für ganze drei Monate.

Zwar hatte die chinesische Volkswirtschaft und insbesondere die Industrie die von Covid-19 ausgelöste Wirtschaftskrise, die mit dem chinesischen Neujahrsfest Ende Januar 2020 begann, im Herbst 2020 überwunden. Die wirtschaftliche Erholung verlief jedoch äußerst ungleichzeitig. Nach Schätzungen waren im Herbst 2020 noch über 50 Millionen Chinesen von insgesamt ca. 775 Millionen Beschäftigten arbeitslos.

Das Fehlen von Sozialleistungen traf in der Krise besonders die Beschäftigten im informellen Sektor. Eine Reinigungskraft in einer Bank in Beijing verdiente monatlich bislang 2.000 RMB (= ca. 300 €). Seit Dezember 2019 bekam sie keinen Lohn mehr, musste aber gleichzeitig 1.000 RMB Monatsmiete zahlen. Wer nicht beim Staat, bei Staatsunternehmen oder großen Privat- oder ausländischen Unternehmen beschäftigt war, wurde wahrscheinlich nicht mehr regulär bezahlt. Auch die bislang äußerst konsumfreudige Mittelschicht hielt sich zeitweilig zurück. Die Jüngeren verschoben den Kauf einer Wohnung, weil sie sich Hypotheken von 3.000 RMB und mehr monatlich nicht mehr leisten konnten.

Staats- und Parteichef Xi Jinping forderte zwar immer wieder die Unternehmen auf, Massenentlassungen wegen der Krise zu vermeiden und die Löhne rechtzeitig zu zahlen. Aber konkrete Stützungsmaßnahmen speziell für kleine und Kleinstunternehmen sowie für Selbständige gab es kaum. Steuererleichterungen und Zugang zu billigem Kredit zielten mehr auf größere Unternehmen. Außerdem ist das soziale Netz noch sehr dünn: China investiert weit mehr als die Industrieländer des Westens in Straßen, Eisenbahnen und Infrastruktur, aber nur etwa drei Prozent des Bruttoinlandsprodukts (BIP) für Sozialleistungen und bezahlbare Wohnungen.

Ein direkter Geldtransfer an die Haushalte mit niedrigen Einkommen über die von allen Chinesen genutzten Online-Zahlungsplattformen WeChat und Alipay hätte vermutlich einen unmittelbaren Effekt für Chinas Volkswirtschaft – er würde vor allem viel schneller die Wirtschaft ankurbeln als weitere Infrastruktur-Investitionen. Aber bisher hat die chinesische Regierung ihren Bürgern niemals direkt Geld gegeben. Mit Formen von »Helikopter«-Geld wurde in der Krise nur auf lokaler Ebene, z.B. in der Millionenstadt Nanjing, experimentiert (Economist, 21.3.2020).

Pekings wirtschaftspolitische Maßnahmen im Kampf gegen die wirtschaftlichen Folgen der Pandemie waren insgesamt auch im internationalen Vergleich eher vorsichtig (siehe Abb. 3 auf der folgenden Seite). Sie waren geprägt von der finanzpolitischen Zielsetzung der letzten Jahre, die hohe Gesamtverschuldung der privaten Haushalte, Unternehmen und der Staatsebenen von fast 300% der Wirtschaftsleistung (BIP) abzubauen sowie riskante Finanzgeschäfte zu unterbinden. Wirksam zur schnellen Ankurbelung der Konjunktur wäre z.B. auch die leichtere Kreditvergabe beim Immobilienkauf – aber auch das ist der Parteiführung vermutlich zu riskant.

Angesichts der Dimension der Wirtschaftskrise stieß dieser Kurs auf Kritik: Yu Yongding, ein prominenter Ökonom und früherer Berater der chinesischen Zentralbank, verlangte mutigere Schritte: »Der Kampf gegen den Coronavirus ist zweifellos kostspielig und gefährdet die Erfolge der letzten Jahre im Kampf gegen finanzielle Risiken. Aber angesichts des tödlichen Virus sind alle Probleme von Schulden, Inflation und Vermögensblasen zweitrangig. China kann sich darüber später sorgen, wenn sich die Situation beruhigt hat.« (Financial Times, 14.2.2020)

Abb. 3: Internationaler Vergleich der Corona-Hilfspakete
in % vom BIP

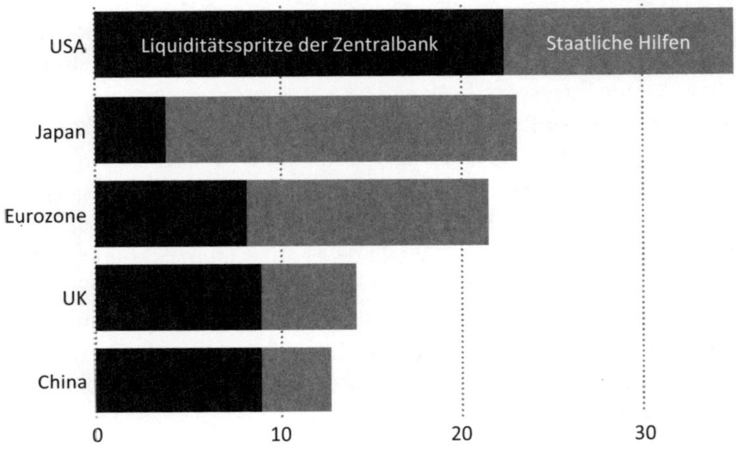

Quelle: Financial Times, 23.4.2020

Ein löchriges soziales Netz

Offiziell waren im April 2020 26 Millionen bzw. 5,9% Arbeitslose gemeldet. In dieser Zahl sind aber nur registrierte Stadtbewohner erfasst. Die reale Zahl lag im Frühjahr eher bei über 60 Millionen Arbeitslosen in den Städten. Von diesen Arbeitslosen beziehen aber nur 2,3 Millionen Geld von der Arbeitslosenversicherung. Es gibt also eine krasse Diskrepanz zwischen Beschäftigten mit Arbeitslosenversicherung und den tatsächlich Bedürftigen. Doch die meisten Stadtregierungen haben weder die Mittel noch das politische Interesse, Sozialleistungen für Arbeitsmigranten zu zahlen. Die werden stattdessen aus den Städten gejagt, wenn sie als Straßenhändler etwas für ihr Überleben verdienen wollen. »In den großen Städten ist kein Platz für euch kleine Leute.« So zitiert die Süddeutsche Zeitung einen Pekinger Beamten (27.7.2020). In den Metropolen wie Peking, Shanghai oder Guangzhou (Kanton) stehen jeden Morgen viele hundert Arbeitssuchende an den Ausfallstraßen und bieten ihre Arbeitskraft an.

Zudem ist das Arbeitslosengeld deutlich niedriger als die Mindestlöhne. Diese sind regional sehr unterschiedlich – in der Boomstadt Shanghai wesentlich höher als in der Hinterland-Provinz Sichuan. Voraussetzungen für den Bezug von Arbeitslosengeld sind ein schriftlicher Arbeitsvertrag sowie

Tab. 1: Abdeckung der chinesischen Sozialversicherung 2017 (in Personen)

	Angestelltenversicherung	**Bürgerversicherung**
Rentenversicherung	402.933 Mio. Versicherte (inkl. 80.343 Mio.Rentner)	512.550 Mio. Versicherte
Krankenversicherung	303.227 Mio. Versicherte (inkl. 80.343 Mio. Rentner)	Versicherte der Bürger-versicherung: 873.587 Mio. Versicherte der ländlichen Krankenversicherung: 133.100 Mio. (in 5 Provinzen)
Arbeitslosenversicherung	187.840 Mio. Versicherte (gegenüber 2.200 Mio. Leistungsempfänger)	
Arbeitsunfallversicherung	227.237 Mio. Versicherte (gegenüber 1.928 Mio. Leistungsempfänger)	
Mutterschaftsversicherung	193.002 Mio. Versicherte (gegenüber 6.425 Mio. Leistungsempfänger)	

Übersicht nach: Heberer/A. Müller (2020): Entwicklungsstaat China.
Datenbasis: Ministerium für Humanressourcen und Soziale Sicherung 2018; Kommission für Gesundheit und Familienplanung 2018

die regelmäßige Zahlung in die Kassen der Arbeitslosenversicherung durch das Unternehmen.

Durch diese hohen Hürden haben etwa 600 von 774 Millionen Erwerbstätigen in China bislang keine Ansprüche auf die Zahlung von Arbeitslosengeld im Fall von Arbeitslosigkeit. Arbeitslose können dann noch Sozialhilfe (dibao) beantragen. Diese reicht mit ca. 600 RMB monatlich definitiv nicht zum Leben (Economist, 9.5.2020).

Somit bleiben die Landgebiete als ultimatives soziales Auffangnetz. Die meisten Arbeitsmigranten, deren Eltern oder Kinder oftmals in den Heimatdörfern bleiben, haben dort auch ein Stück Land, das sie ggf. zu Geld machen können. Zudem haben sie Ersparnisse. Nach Statistiken legen Chinas unterste Einkommensgruppen etwa 20% von ihren laufenden Einkommen für Notfälle (wie jetzt die Corona-Pandemie) und als Alterssicherung zurück. In anderen Ländern mit vergleichbaren Pro-Kopf-Einkommen sparen die untersten Einkommensgruppen keinen Pfennig. Die hohe Sparquote gerade auch der armen Chinesen ist nicht nur Ausdruck eines sozialen Problems, des löchrigen sozialen Netzes. Sie dämpft auch den privaten Konsum und damit das wirtschaftliche Wachstum.

Die Corona-Pandemie hat damit wieder die Widersprüchlichkeit der offiziellen chinesischen Regierungspolitik offenbart. Der private Konsum soll deutlich steigen, weniger Geld soll in Investitionen und Beton fließen. Gleichzeitig ist das soziale Netz noch so löchrig, und die Hilfen für die unteren Einkommensgruppen fallen – auch im internationalen Vergleich – so mickrig aus, dass den meisten Arbeitsmigranten und Armen in der Krise nur der Weg zurück in das Heimatdorf bleibt.

Hukou und die Unterklasse der sozialistischen Marktwirtschaft

Im Winter 2018 ließ die Pekinger Stadtverwaltung in verschiedenen Pekinger Vororten hunderte illegal errichtete Wohnhäuser gewaltsam räumen und abreißen. Betroffen waren tausende Arbeitsmigranten, die im kalten Pekinger Winter mit ihren Familien plötzlich auf der Straße standen. Vorher hatte es in einem Vorort 19 Tote bei einem Feuer in einem illegal errichteten Gebäude gegeben. Das nahmen die Behörden als Anlass, großflächig illegal errichtete Bauten ohne Vorankündigung niederzureißen (siehe Müller 2018: 13f.). Durch die Abrisskampagne wurden auch Verteilzentren von SF Express, Chinas größter Logistiker, geschlossen. In der Region um Peking konnten Online-Bestellungen zeitweilig nicht mehr ausgeliefert werden. Die Räumungsaktionen führten in Peking zu Protesten und Demonstrationen; Medien aus der ganzen Welt berichteten.

Es gehört zum modernen China, dass Wohnhäuser niedergerissen und die bisherigen Bewohner gegen eine Entschädigung verdrängt werden. Aber die gezielte Kampagne der lokalen Pekinger Behörden hat einen anderen Hintergrund: Die Hauptstadt soll von Arbeitsmigranten »gesäubert« und die Einwohnerzahl auf 23 Millionen begrenzt werden, mit einem sogenannten Hukou, einer Bescheinigung, dass sie Pekinger sind. Millionen Menschen ohne Pekinger Hukou sollen gezwungen werden, sich außerhalb in Provinzstädten anzusiedeln.

Speziell der Dienstleistungssektor hat bislang Arbeitskräfte aus den Provinzen angezogen, die die Pekinger Mittelklasse und Oberschicht bedienen. Sie leben bislang teilweise in Billigst-Wohnungen rund um Peking. Die Stadtregierung sieht in den Arbeitsmigranten – unter ihnen nicht nur Ungelernte, sondern auch viele Fachkräfte der boomenden IT-Branche – jedoch eine Belastung für die öffentlichen Dienstleistungen. Kinder von Arbeitsmigranten haben es schwer, Schulen zu besuchen. Funktionäre sprachen in offiziellen Dokumenten von den »Low-end people«, denen am unteren Ende der Klassengesellschaft (Huang 2017).

Die Arbeitsmigranten sind das Produkt einer riesigen internen Migration vom Land in städtische Metropolen, eine Migration, die nicht mehr umkehrbar ist. Sie leben seit vielen Jahren in Beijing, Shanghai oder Kanton. Viele Jüngere sind in diesen Metropolen geboren. Sie haben reguläre und mehr oder weniger dauerhafte, manchmal auch gut bezahlte Jobs, oft in festen Arbeitsverhältnissen. Was die Migranten, die seit vielen Jahren z.B. in Peking leben, von den offiziellen Stadtbürgern unterscheidet, ist ihr Status als Landbewohner, auch wenn sie das Land nur von den Reisen zum Frühlingsfest zu ihrer Verwandtschaft auf den Dörfern kennen.

Aufgrund ihrer Klassifizierung als Landbewohner werden den Arbeitsmigranten in Chinas Metropolen elementare Rechte und Sozialleistungen vorenthalten, die an das Hukou gebunden sind. Die meisten Arbeitsmigranten sind Menschen zweiter Klasse, eine Apartheid-ähnliche Distinktion, die den Umgang der Behörden mit ihnen prägt und sich durch die Gesellschaft zieht. Umfragen unter Pekinger Stadtbewohnern zeigten, dass über 30% nicht in der Nachbarschaft von Arbeitsmigranten leben wollen; in Shanghai waren es sogar 60%. Arbeitsmigranten stehen bei den Polizeiorganen unter Generalverdacht, sie werden von Polizisten öfter angehalten und durchsucht, öfter verhaftet und in Untersuchungshaft gesteckt. Gegen sie werden in der Regel strengere Urteile verhängt, und sie bekommen keine Bewährung. Die seit 2011 von vielen großen Städten verabschiedeten Verordnungen, die diese Diskriminierung stoppen sollten, kommen bei den Polizisten und den Vollzugsbehörden nicht an. Feldstudien von 2015 zeigten, dass die Polizei weiter nach der Devise verfährt: »Wir verhaften alle.« (Tian 2017)

Die aus der Industriegeschichte und aus den meisten Entwicklungsländern bekannte Migration aus den Landgebieten in die Städte hatte in China nach der Revolution 1949 zunächst nicht stattgefunden. Bis in die 1980er Jahre kontrollierten Partei und Staat, dass die Bauern, die 1980 noch fast 80% der Gesamtbevölkerung ausmachten, auf dem Land blieben und das im Agrarsektor erwirtschaftete Mehrprodukt für die staatlichen Investitionen, für die Staatsbetriebe und für den Konsum der Stadtbevölkerung ablieferten. Über Jahrzehnte sorgte der chinesische Staat u.a. durch die Kontrolle der Binnenwanderung für eine Umverteilung zugunsten der privilegierten Stadtbewohner. Angesichts der Überbevölkerung in den Landgebieten setzte der chinesische Staat gleichzeitig auf eine bescheidene ländliche Industrialisierung (Landmaschinen, Baumaterial etc.), finanziert von den landwirtschaftlichen Produktionseinheiten. Zudem wurden in der Kulturrevolution nach 1966 viele Millionen Schulabsolventen aus den Metropolen aufs Land geschickt, nicht nur als Umerziehungsprogramm, sondern auch als entwicklungspolitische Maßnahme. Ob das Erfolg hatte, darf bezweifelt werden.

Die Anfang der 1980er Jahre eingeleiteten Agrarreformen, die Auflösung der Volkskommunen und die schrittweise Privatisierung der Landbestellung (der Boden ist bis heute Kollektiveigentum) führten zu einem massiven Produktivitätssprung in der Landwirtschaft und zu wesentlich gestiegenen bäuerlichen Einkommen. Sie setzten aber gleichzeitig die ländliche Überbevölkerung frei, die latent schon immer vorhanden war.

Parallel zur Privatisierung der Landbestellung lockerte die Partei die Restriktionen für die Gründung von Privatunternehmen und öffnete die Schleusen für ausländische Investoren, zunächst für Kapitalisten aus Hongkong und Taiwan und andere Auslandschinesen, dann auch für das internationale Kapital. Damit waren die wesentlichen Voraussetzungen für den Aufbau der »Fabrik der Welt« geschaffen: eine massive Zahl überschüssiger Arbeitskräfte vom Land, das in die Städte zog. Dort konnten die Kapitalisten im internationalen Vergleich konkurrenzlos billige Arbeitskräfte ausbeuten.

Mit dieser Entwicklung in den 1980er und 1990er Jahren fielen zwangsläufig die Schranken für den Zuzug in die Städte (siehe Abb. 4). Aber das diskriminierende Hukou-System blieb als Steuerungs- und Disziplinierungsinstrument im Wesentlichen unverändert – trotz vieler gegenteiliger Absichtserklärungen der KP. Die Regulierung der Binnenmigration ist bis heute ein wesentlicher Hebel der chinesischen Administration, das Wirtschaftswachstum zentral und regional zu steuern.

Die größte Wanderungsbewegung der Geschichte

Chinas nationales Statistikbüro zählte im Jahr 2014 278 Millionen Beschäftigte, die für wenigstens sechs Monate außerhalb ihrer Heimat arbeiteten. Einschließlich der Kinder, die bei ihren Eltern in den Städten und nicht bei den Verwandten auf dem Land leben, dürfte die Zahl der Stadtbewohner ohne Hukou bei über 300 Millionen liegen. Das ist weit mehr als ein Fünftel der Gesamtbevölkerung. In den Industriegebieten im Perlflussdelta oder am Yangtse und in den Metropolen sind bis zu 40% aller Einwohner Arbeitsmigranten, sie stellen mehr als ein Drittel aller Beschäftigten.

Chinas Arbeitsmigration ist die größte Wanderungsbewegung in der Geschichte der Menschheit. Es ist gleichzeitig der größte Verstädterungsprozess, der je stattgefunden hat – und zwar im Zeitraffer. Binnen 30 Jahren ist der Anteil der Landbevölkerung an der Gesamtbevölkerung von 80 auf unter 40% gefallen. Diese Verstädterung soll nach den Planungen der chinesischen Regierung weitergehen, allerdings nicht mehr in den Küstenzonen und Metropolen, sondern im Hinterland und in den »Mittelstädten« zwischen 500.000 und fünf Millionen Einwohnern. Gegenwärtig leben etwa 850 Millionen und bis 2025 über 900 Millionen Menschen in den Städten. Die Stadtbevölkerung wächst jährlich um ca. 15 Millionen Menschen.

Bislang hat die Migration nicht zu größeren sozialen Unruhen und Aufständen geführt, eine Tatsache, die die KP gerne herausstellt. Jahrzehnte mit ununterbrochenem Wirtschaftswachstum, von dem auch die Arbeitsmigranten profitiert haben, haben dazu beigetragen, dass diese gesellschaftlichen Um-

Abb. 4: Einwohnerwachstum von 30 Großstädten (in Mio.)

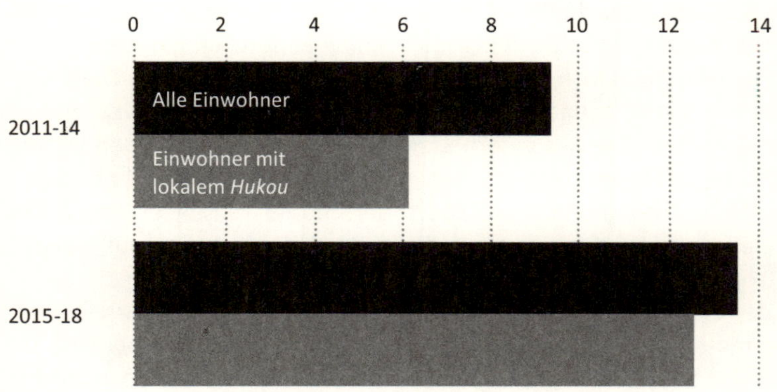

Quelle: Economist, 19.8.2020

brüche bislang ohne massive Proteste verliefen. Angesichts der Dimensionen von Chinas interner Migration wirken Europas Migrationsdebatten bizarr.

Aber die sozialen Kosten der Arbeitsmigration sind gewaltig. Sie treffen vor allem die Kinder: Über 70 Millionen Kinder von Arbeitsmigranten wachsen derzeit ohne ihre Eltern auf. Die meisten leben in den Dörfern bei den Großeltern, die oft noch keine Schulbildung hatten, oder bei anderen Verwandten. Sie sehen die Eltern nur einmal im Jahr. Nach vielen Untersuchungen sind die meisten Kinder in ihrer Entwicklung gestört: Sie sind kleiner als gleichaltrige Kinder in den Städten, ein Hinweis für eine schlechte Ernährung. Ihre Schulleistungen liegen unter dem Altersdurchschnitt, und sie tendieren überdurchschnittlich stark zu Depressionen (Financial Times, 4.5.2015). Ganze Dörfer sind entvölkert, geblieben sind oft nur noch Alte und Kinder. Die Migration hat zudem negative Folgen für die landwirtschaftliche Produktion und damit für die nationale Selbstversorgung mit Getreide, seit Maos Zeiten ein fundamentales Ziel der KP.

Arbeitsmigranten – der Treibstoff für die »Fabrik der Welt«

Heute ist die dynamische Phase der Transformation zu einer städtischen Gesellschaft abgeschlossen. Der früher unerschöpfliche Pool billiger ländlicher Arbeitskräfte ist weitgehend ausgetrocknet. Dass es in den Dörfern keine überschüssigen Arbeitskräfte mehr gibt, hat tiefgreifende Folgen für die Wirtschaft und Gesellschaft. Zuerst für die Fabriken: Seit mehr als zehn Jahren sind Arbeitskräfte zunehmend knapp. Die Folge sind deutlich gestiegene Löhne. Sofern sie ihre Preise nicht erhöhen konnten, haben die exportorientierten Billig-Hersteller dichtgemacht, ihre Produktion verlagert oder auf Produkte mit höherer Wertschöpfung und auf mehr Maschineneinsatz umgesattelt.

Arbeit und Kapital sind in China zunehmend knapper und teurer. Die Volkswirtschaft muss eine neue Balance finden, weil Exporte und Investitionen relativ zurückgehen. Die Besonderheiten der Volkswirtschaft in den letzten Jahrzehnten – hohes Wachstum, wachsende Ungleichheit, eine hohe Sparquote und hohe Investitionen und Exportüberschüsse – basierten wesentlich auf den Wellen der Arbeitsmigranten, die in Chinas Fabriken und auf die Baustellen strömten.

Nach der ökonomischen Lehre befeuert die Wanderung von Arbeitskräften vom Lande, wo die Produktivität niedrig ist, in die städtische Industrie zunächst das Wachstum. Die Kapitalisten streichen den Löwenanteil der enormen Wachstumsgewinne ein und investieren kräftig weiter. Der zunächst unerschöpfliche Pool von Arbeitskräften sorgt dafür, dass die Löhne relativ niedrig bleiben. Diese Dynamik erklärt die außergewöhnlich hohen Sparquoten und die damit finanzierten enormen Investitionen, bislang Kennzeichen von Chinas Volkswirtschaft. Das Ergebnis sind Chinas Handelsüberschüsse mit der Welt und die immer noch gewaltigen Devisenreserven. Unvermeidliche Folgen sind auch Vermögensblasen wie z.B. im Immobiliensektor und in der Stahl- oder Solarindustrie.

Aber der früher unaufhörliche Zustrom von Arbeitskräften in die Städte ist längst zu einem Rinnsal geworden: In Chinas Landstädten und Dörfern leben immer weniger Menschen im arbeitsfähigen Alter. In den industriellen Zentren werden Arbeitskräfte knapp, die Löhne steigen, die bislang exorbitanten Profite sind dramatisch gefallen. Nach offiziellen Daten stiegen die Monatslöhne für Wanderarbeiter von 2005 bis 2014 von 864 RMB auf 2.864 RMB, prozentual weit mehr als die Inflationsrate. Auch wenn die Löhne in Chinas Landstädten weiterhin niedriger sind als in den Metropolen, ist die Lohndifferenz inzwischen so gering, dass sich die Arbeit in den teuren Metropolen immer weniger lohnt. Jüngere Arbeitskräfte bleiben deshalb zunehmend in ihrer Heimat auf dem Land.

Reformen des Hukou-Systems nur in kleinen Schritten

Nach jahrzehntelangen Debatten in der Partei und in der Öffentlichkeit, nach ständigen, aber immer lokal begrenzten Konflikten zwischen Arbeitsmigranten und den Behörden, nach einer konzertierten Aktion 2010 von Chefredakteuren wichtiger chinesischer Zeitungen, die in einem gemeinsamen Leitartikel

Abb. 5: Die große Wanderung vom Land in die Städte (in Mrd.)

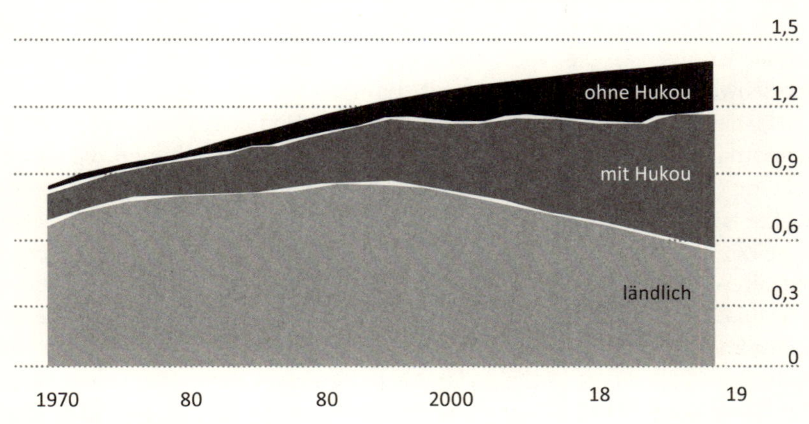

Quelle: Economist, 19.8.2020

die KP zur Abschaffung des Hukou-Systems aufforderten, sind 2015 Reformen eingeleitet worden. Nach einem neuen »Urbanisierungsplan« sollten bis Ende 2020 100 Millionen Chinesen ihr Zertifikat als Landbewohner gegen ein Zertifikat als Stadtbürger eintauschen. Nach jüngsten Zahlen (Economist, 22.8.2020) ist China dabei auf einem guten Weg (siehe Abb. 5). In den letzten Jahren ist die Bevölkerung in den städtischen Zentren etwa in demselben Maß gewachsen wie die Zahl der Stadtbewohner mit Hukou. In Millionenstädten im Hinterland wie Xi'an oder Chengdu wurden sogar mehr städtische Hukous vergeben als die Zahl neu ankommender Stadtbewohner. Das bedeutet, dass auch viele in diesen Städten lebende Arbeitsmigranten oder Absolventen inzwischen ein städtisches Zertifikat haben. Dagegen sind Chinas Metropolen wie Peking oder Shanghai weiter äußerst restriktiv bei der Einbürgerung.

Aber eine komplette Abschaffung des Hukou-Systems mit der Aufhebung der Einteilung als Stadt- oder Dorfbewohner und den daran gebundenen materiell sehr unterschiedlichen Rechten und Vergünstigungen steht noch nicht auf der Agenda. Die Abschaffung würde u.a. bedeuten, dass der Dorfbewohner seine Parzelle genauso verkaufen kann wie ein Städter seine Eigentumswohnung. Das würde allerdings eine Änderung des Eigentumsrechts auf dem Lande voraussetzen. Lediglich die Mega-Stadt Chongqing am Yangtse hat damit experimentiert und allen Landbewohnern, die mindestens zwölf Jahre Schulbildung haben und ihre Parzelle aufgeben, ein städtisches Hukou gegeben.

Auch ohne eine besser finanzierte allgemeine Sozialversicherung ist eine komplette Abschaffung des Hukou-Systems unmöglich. Denn die Versicherungsleistungen bei Arbeitslosigkeit oder für die medizinische Versorgung sind regional und von Stadt zu Stadt sehr unterschiedlich. Anstelle eines allgemeinen Stadt-Land-Gegensatzes gibt es zunehmende Unterschiede zwischen den Sozialleistungen für die Stadtbewohner der reichen Küstenstädte und der alten schwerindustriellen Zentren im Nordosten.

Nach der zentralen Hukou-Reform können Arbeitsmigranten eine spezielle Aufenthaltserlaubnis mit einigen der Vergünstigungen beantragen, die die »offiziellen« Städter bekommen: Sie können ihre Kinder von den Dörfern in die Städte nachkommen lassen und dort auf die öffentlichen Schulen schicken. Arbeitsmigranten mit einer speziellen Aufenthaltserlaubnis haben Anspruch auf öffentliche Gesundheitsversorgung. Sie können leichter ein Auto kaufen und zulassen. Sie haben also Zugang zu städtischen Dienstleistungen, sie verlieren aber nicht das einzige Privileg ihres Status als Dorfbewohner: ihr Anrecht, eine Parzelle des Kollektivlandes zu bewirtschaften. Nach einer Studie der Chinesischen Akademie der Sozialwissenschaften (CASS) von 2010 wollten 90% der befragten Migranten offiziell Landbewohner bleiben, weil sie ihr Recht auf eine Parzelle behalten wollten. (Economist, 18.12.2015 sowie 2.12.2016)

Die Voraussetzungen für die neuen Aufenthaltserlaubnisse sind hoch: Die Migranten müssen entweder einen Arbeitsvertrag oder einen Mietvertrag vorlegen und nachweisen, dass sie mindestens sechs Monate in der Stadt gelebt haben. Aber viele Migranten sind Tagelöhner oder haben wechselnde Jobs. Sie bekommen selten von den Arbeitgebern den vom Gesetz vorgeschriebenen Arbeitsvertrag, haben nur selten einen schriftlichen Mietvertrag. In Städten unter einer Million Einwohnern müssen die Migranten zudem drei Jahre in die Rentenversicherung gezahlt haben, in Städten bis fünf Millionen Einwohnern sogar fünf Jahre.

Mega-Städte wie Peking, Shanghai oder Kanton sind noch rigider: Die Pekinger Stadtregierung bindet die Vergabe an den Nachweis der jährlichen Steuerzahlung von 100.000 RMB (ca. 15.000 €), mehr als ein Arbeitsmigrant jährlich im Durchschnitt verdient. Für diese Mega-Städte gilt die Ansage der Zentralregierung, dass sie schon groß genug sind und deshalb die Schleusen für Migranten nicht öffnen sollen. Stattdessen sollen die Mittelstädte wachsen. Das Hukou-System dient also auch künftig weiter der Steuerung des Arbeitskräftepotenzials. Es gibt faktisch keine volle Freizügigkeit für die Arbeitskräfte.

Für die auf dem Arbeitsmarkt besonders gefragten Fachkräfte und Spezialisten unter den Migranten gibt es in vielen Städten ein Punkte-System. Ein Hukou kann beantragen, wer in einem Punkte-System mindestens einen bestimmten Wert erreicht. Punkte gibt es u.a. für die Ausbildung, das Gehalt und die Steuerzahlung, aber auch für die Einhaltung der Regeln zur Familienplanung sowie für zivilgesellschaftliche Aktivitäten wie Blutspenden. Die Lokalregierung von Kanton mit ca. neun Millionen Arbeitsmigranten vergibt nach diesem System jährlich nur 3.000 Aufenthaltsberechtigungen. So dürften die Prognosen der Zentralregierung, dass bis Ende 2020 etwa 100 von 280 Millionen Arbeitsmigranten eine städtische Aufenthaltsgenehmigung haben sollen, eher zu optimistisch sein. Zudem wollen manche qualifizierte Migranten aus den Metropolen in ihre Heimatprovinz zurück, z.B. weil ihr Kind dort leichter in eine bessere Schule (mit der Chance auf den Zugang zu einer Elite-Universität) kommt als etwa in Peking.

Ungelöst ist auch der Status von 13 Millionen Chinesen ganz ohne Hukou und damit ohne Personalausweis, ohne den es in China nicht mal ein Zugticket gibt. Es handelt sich in den meisten Fällen um Kinder, die entgegen der bis vor Kurzem geltenden Ein-Kind-Politik auf die Welt kamen und die bislang offiziell nicht existierten. Sie sollen jetzt aber auch eine Aufenthaltsgenehmigung bekommen.

Die neue Generation der Wanderarbeiter: unzufrieden und heimatlos

Inzwischen gibt es in China eine zweite Generation von Arbeitsmigranten. Sie sind später in die Metropolen gekommen oder dort schon geboren. Sie haben andere Erwartungen und Probleme als die älteren Arbeitsmigranten. Nach diversen Berichten und Studien sind sie unzufrieden mit ihrer Situation, sie haben wenig zu verlieren. Dagegen sind die älteren Arbeitsmigranten, die erste Generation, in Zeiten großer Armut groß geworden. Ihr Antrieb, in den Städten Geld zu verdienen, war geprägt von ihren Kindheitserinnerungen an Armut und Knappheit. Falls es mit dem Geldverdienen in den Städten nicht klappte, konnten sie wieder zurück aufs Land und ihre Parzelle bestellen und damit überleben.

Westliche China-Experten sehen im rasanten Wachstum der chinesischen Mittelschicht eine mögliche Herausforderung für die Herrschaft der KP und für die Stabilität des Landes. Sie erwarten, dass mit wachsendem Wohlstand und steigenden Ansprüchen auch Forderungen nach einem offenen, transparenten Regierungssystem aufkommen wie etwa bei den Demonstrationen auf dem Tian'anmen-Platz 1989 oder im Arabischen Frühling. Aber chinesische Sozialwissenschaftler rechnen eher mit Unruhen durch Angehörige der sozialen Unterklassen, durch verarmte Arbeiter in den Städten, die Familien auf dem Land haben. Seit 2010 sprechen Dokumente der KP explizit von einer neuen Generation von Arbeitsmigranten. Dazu zählen die seit 1980 Geborenen mit etwa 90 Millionen Menschen. Viele haben ihr ganzes Leben in den Städten verbracht.

Die jüngeren Arbeitsmigranten sind Kinder der Reformpolitik von Deng Xiaoping. Sie haben niemals auf dem Land gearbeitet. Nach einer 2009 erschienenen Studie im Economic Research Journal (zitiert nach: Economist, 3.5.2018) ist es für sie am wichtigsten, sich »persönlich weiterzuentwickeln«. Die jüngere Generation sei »nicht länger bereit, die schmutzigsten Jobs zu machen, nicht sparsam genug, um die Verwandten auf dem Land zu unterstützen, aber gleichzeitig nicht in der Lage, genug für den Aufbau einer Familie zu verdienen«, kommentieren die Wissenschaftler etwas arrogant.

Viele der zweiten Generation der Arbeitsmigranten haben wie ihre Eltern keine gute Ausbildung. Sie werden ähnlich schlecht bezahlt und durch das Hukou-System diskriminiert. Die jungen Männer unter ihnen sind zudem mehr als ihre Väter konfrontiert mit einem Mangel an Frauen im heiratsfähigen Alter mit ähnlichem sozialen Hintergrund. Sie sind insgesamt unzufriedener und pessimistischer als die Generation ihrer Eltern. Die Hoffnungen auf eine Zukunft in den großen Städten werden zunichte gemacht durch hohe Lebenshaltungskosten, demografische Veränderungen und die offene Feindseligkeit der Lokalbehörden gerade in den Metropolen wie Peking, wo Straßenhändler vertrieben werden.

Nach einer 2017 in der chinesischen Zeitschrift Sociological Studies veröffentlichten Studie der Chinesischen Akademie der Sozialwissenschaften CASS haben die nach 1980 geborenen Arbeitsmigranten zwar zwölf oder mehr Jahre Schulausbildung, während die älteren Arbeitsmigranten kaum zehn Jahre zur Schule gingen. Aber die Qualität der Ausbildung ist nicht besser geworden. In den Städten werden die Kinder der Migranten durch das Hukou-System diskriminiert. Die meisten konnten keine staatlichen Schulen besuchen und mussten minderwertige Privatschulen nutzen.

Die jüngeren Arbeitsmigranten sind Kinder der Ein-Kind-Politik. Diese führte zu einer dramatischen Verschiebung in der Geschlechterrelation: Seit den 1980er Jahren wurden viel mehr Jungen als Mädchen geboren. Nach Angaben der Zentralregierung wird es 2020 insgesamt 30 Millionen mehr Männer als Frauen im heiratsfähigen Alter geben. Von den Auswirkungen dieser verzerrten Geschlechterrelation sind männliche jüngere Arbeitsmigranten besonders betroffen. Das durchschnittliche Heiratsalter liegt in China bei 26. Viele aus der zweiten Generation der Arbeitsmigranten erreichen jetzt das Heiratsalter. Nach einer anderen empirischen Studie der CASS waren 75% der zweiten Generation der Arbeitsmigranten unverheiratet. Nur zwei hatten überhaupt Heiratspläne. Ein 25-jähriger Manager einer Lebensmittelfirma in Peking wird zitiert: »Ich bräuchte einen viel besser bezahlten Job oder eine Beförderung, bevor ich daran denken kann, eine Freundin zu finden.« (Financial Times, 15.5.2019)

Dass die Lage der Arbeitsmigranten bislang nicht in soziale Proteste umgeschlagen ist, hängt auch mit der hochgradigen Differenzierung der arbeitenden Bevölkerung und der neu entstandenen industriellen Arbeiterklasse zusammen. Das ist ein wesentlicher Grund für die relative politische Stabilität

Chinas (Lüthje 2006). Für die Differenzierung sorgt nicht nur das Hukou-System mit der Spaltung zwischen städtischen Erwerbstätigen und Arbeitsmigranten. Auch die Unterschiede unter den Arbeitsmigranten etwa nach Ausbildung oder Art der Beschäftigung sorgen dafür. Zudem hat sich China innerhalb kurzer Zeit in einem Prozess industrialisiert, für den Europa mehr als zwei Jahrhunderte brauchte. Es gab schlicht keine Zeit für die Herausbildung horizontaler Solidarisierung unter den Arbeitnehmern. Dass die frühe europäische Arbeiterbewegung aus Handwerkerbünden hervorgegangen ist, half bei der Entwicklung horizontaler Solidarität in Europa. Bei den Arbeitsmigranten in China spielen Vorstellungen von Gefolgschaft oder regionaler Herkunft hingegen weiter eine wesentliche Rolle.

Zunahme prekärer Arbeit

Chinas Arbeitsmigranten haben von Chinas wirtschaftlichem Aufstieg profitiert, aber ihre Arbeitsverhältnisse sind bis heute wesentlich schlechter reguliert als die der städtischen Beschäftigten in Unternehmen oder in der Verwaltung. Bis zur Jahrtausendwende kümmerte sich nicht einmal die Staatsgewerkschaft ACGB um die Arbeitsmigranten, weil sie ja offiziell Bauern waren. Viele Migranten bekommen nicht den gesetzlich vorgeschriebenen Arbeitsvertrag. Endemisch treten Fälle auf, wo Arbeitsmigranten um Lohnzahlungen betrogen werden oder wo Verleihfirmen oder Subkontraktoren in der Bauindustrie mit den Lohngeldern das Weite suchen. Speziell vor dem chinesischen Frühlingsfest häufen sich die Konflikte, weil viele Migranten nach dem Fest einen neuen Job suchen und deshalb vorher ihre ausstehenden Löhne einfordern. Oft zahlen Baufirmen oder Subkontraktoren nur ein niedriges monatliches Fixum, den Rest erst bei Projektfertigstellung oder nie. Im Dezember 2016 kletterten acht Arbeiter in Shenzhen in Südchina auf Hochspannungsmasten und drohten mit Selbstmord, sollten sie nicht das ihnen zustehende Geld bekommen. Das China Labour Bulletin aus Hongkong, eine NGO, die sich für Arbeiterreche einsetzt, zählte allein in den ersten zwölf Dezembertagen 2017 vier Fälle, in denen Bauarbeiter drohten, sich von Kränen oder Hochhäusern zu stürzen, sowie weitere 40 Proteste wegen nicht gezahlter Löhne. Ein Gericht in Peking warnte zur gleichen Zeit, unbezahlte Löhne seien eine Ursache für viele Morde, meistens vor dem chinesischen Neujahrsfest. Die Staatsgewerkschaft, die solche Betrügereien verhindern müsste, ist an diesen Arbeitsplätzen faktisch nicht präsent.

Arbeitsmigranten unterliegen zwar der Versicherungspflicht und können theoretisch ihre Rentenansprüche von einem Ort zum anderen mitnehmen. In der Praxis ist das aber nur mit hohem bürokratischem Aufwand und unter Abschlägen möglich. Es gibt in China bislang kein nationales Verzeichnis der Beitragszahler. Nach offiziellen Zahlen von 2014 hatten damals nur 45 von 260 Millionen Arbeitsmigranten eine Rentenversicherung, also weniger als ein Fünftel. Jetzt soll die Zahl bei einem Drittel liegen. Oft drücken sich die Unternehmen um die Zahlung der Rentenbeiträge, manchmal mit Duldung der Lokalbehörden. Deswegen streikten 2015 40.000 Beschäftigte einer Schuhfabrik in Dongguan bei Kanton, die auch für Nike und Adidas fertigt. Die Nichtzahlung der Rentenbeiträge kam ans Tageslicht, als die Firma die Arbeitsplätze aus Dongguan ins Ausland verlagern wollte. In jedem Fall bekommen ältere Migranten nur eine minimale Rente, nämlich die für Bauern, die bei etwa 600 RMB monatlich liegt. Die meisten älteren Migranten brauchen deshalb Unterstützung von den Kindern, oder sie müssen weiterarbeiten. Das chinesische Internet ist voll von Beiträgen über die Ungerechtigkeiten des Rentensystems mit Überschriften wie: »Zweigleisiges Pensionssystem: Beamter 6.000, Bauer 55 Yuan«. Dass ein Bauer im Schnitt angeblich nur sieben Euro im Monat Rente bezieht und ein Beamter über 800 Euro, ist laut Internet-Blog »die größte Ungerechtigkeit im chinesischen Gesellschaftssystem« (FAZ, 17.1.2015).

Die Einkommen der Arbeitsmigranten in den Städten haben sich in den letzten 15 Jahren zwar massiv auf monatlich über 3.000 RMB im Jahr 2016 erhöht. Aber die jährlichen Lohnsteigerungen hatten sich in den letzten Jahren von früher zweistelligen Raten auf 7% im Jahr 2017 verlangsamt; 2012 stiegen die Löhne noch um 17%. Die Löhne der Arbeitsmigranten sind seit 2015 im Durchschnitt sogar weniger gestiegen als die der Stadtbewohner. Darin drückt sich eine weitere Prekarisierung aus, die mit der Ausbreitung von Dienstleistungsjobs einhergeht.

Die Lohnerosion ist am stärksten bei den jüngeren Arbeitsmigranten ausgeprägt. Nach der bereits zitierten Studie der CASS verdienen die Mit-Dreißiger unter den Arbeitsmigranten am besten. Das hat sich in den letzten zehn Jahren nicht geändert. Aber während die jüngeren Migranten (zwischen 22 und 26) im Jahr 2008 noch fast genauso viel verdienten wie die am besten bezahlten Migranten, verdienten sie 2015 viel weniger. Das hängt mit der Ausdehnung von Chinas Dienstleistungssektor zusammen: Typischerweise arbeiteten Migranten früher vor allem in Fabriken und auf dem Bau. Heute arbeiten mehr als 50% der Arbeitsmigranten im Dienstleistungssektor, oft in prekären Jobs in Teilzeit oder mit Zeitverträgen in der Essensauslieferung oder im Reinigungsgewerbe. Ein Ergebnis dieser Prekarisierung ist der Rückgang der Ersparnisse. Früher sparten sich die Arbeitsmigranten ein Drittel oder mehr vom Lohn ab und schickten ihre Ersparnisse an die Verwandtschaft auf den Dörfern. Heute haben viele Arbeitsmigranten keine Ersparnisse mehr.

Ihre gegenwärtige Lage und die schlechten Zukunftschancen reflektieren sich auch in der Selbsteinschätzung ihrer gesellschaftlichen Position. In der CASS-Langzeitstudie von 2006 bis 2015 bewerteten die befragten Arbeitsmigranten ihre gesellschaftliche Position von Jahr zu Jahr schlechter. Speziell die jüngeren Arbeitsmigranten sehen sich heute in der unteren Hälfte der chinesischen Gesellschaft, während sie sich noch vor zehn Jahren zur oberen Hälfte zählten. Die Studie kommt zu dem Ergebnis, dass die in den 1990er Jahren geborenen Arbeitsmigranten besonders enttäuscht sind. Sie wollen in den Städten bleiben, fühlen sich dort aber nicht willkommen, sondern ausgeschlossen. Aber anders als die Generation ihrer Eltern haben sie auch keine Verbindungen mehr zu den Dörfern, zur Landwirtschaft.

Sind die schlecht bezahlten Arbeitsmigranten eine Gefahr für Chinas soziale Stabilität? Die jüngeren Arbeitsmigranten haben wenig zu verlieren und wenige Loyalitäten. Die sozialen Bindungen zur Familie und zum Dorf haben sich aufgelöst. Ihre Chance ist gering, eine eigene Familie mit der damit einhergehenden sozialen Verantwortung zu gründen. Der Wissenschaftler Yu Jianrong von CASS schrieb in einer Studie 2014, die Marginalisierung der jüngeren Generation der Arbeitsmigranten könne unter ihnen das Gefühl einer gemeinsamen politischen Sache erzeugen, das zu einer Revolution führen könne. Er sprach von einer »kolossalen versteckten Bedrohung für Chinas künftige soziale Stabilität«. (Zitiert nach: Economist, 3.5.2018)

Aber es ist unwahrscheinlich, dass die KP und Chinas Regierungssystem selbst zur Diskussion stehen. Bei über 90 Millionen Mitgliedern der KP ist davon auszugehen, dass auch unter den jüngeren Arbeitsmigranten viele Parteimitglieder sind. Die von Parteichef Xi Jinping angezettelte Anti-Korruptionskampagne der letzten Jahre ist unter den Arbeitsmigranten populär. Sie reflektiert die Erfahrungen der Migranten mit korrupten lokalen Partei- und Regierungskadern.

Es gibt Anzeichen für lokale Selbstorganisation meist jüngerer Arbeitsmigranten: Zahlreiche Streiks wegen der schlechten Bezahlung und der Arbeitsbedingungen zeugen davon, auch wenn das im Westen kaum bekannt ist. Die meisten Arbeitskämpfe betreffen den privaten Sektor, in dem ein Großteil der Migranten arbeitet. Das China Labour Bulletin, das auf seiner Homepage die bekannt gewordenen Streiks dokumentiert, berichtete über solche beim chinesischen Standort von Walmart, bei Lieferdiensten und von tausenden LKW-Fahrern.

Bei den Arbeitsgerichten im Raum Peking häufen sich die Klagen, die Ansprüche aus betrieblichen Tarifverträgen betreffen. In Changchun in Nordostchina streikten mehrfach die Leiharbeiter des Gemeinschaftsunternehmens von VW mit dem Staatskonzern FAW. Sie waren dort jahrelang beschäftigt gewesen, verdienten aber weit weniger als die FAW-VW-Beschäftigten an vergleichbaren Arbeitsplätzen – ein klarer Verstoß gegen Chinas Arbeitsgesetze und gegen die Selbstverpflichtung des VW-Konzerns. Derartige Aktionen weisen auf ein gestiegenes Selbstbewusstsein der Arbeitsmigranten hin.

Offen ist, was passiert, wenn Chinas Wirtschaft nach Jahrzehnten Wachstum in eine veritable Krise gerät. Chinas löchriges soziales Netz kann die Arbeitsmigranten dann nicht auffangen. Aufs Land können die meisten nicht zurück. Repression nach dem Muster der Pekinger Lokalbehörden ist allerdings auch keine Lösung.

Vollständige Beseitigung der Armut bis 2021?

Die Armutsbekämpfung ist eine Erfolgsgeschichte der VR China. Die marktwirtschaftlichen Reformen seit 1978, insbesondere in der Landwirtschaft, haben zu einem starken Ansteigen der Haushaltseinkommen und einer massiven Reduzierung der Bevölkerung in absoluter Armut geführt. Die genauen Zahlen unterscheiden sich je nachdem, wie die Armutsgrenze definiert wird und welche Daten der Messung zugrunde gelegt werden, wobei der Trend insgesamt eindeutig ist (Naughton 2018).

Die Armut konzentriert sich auf die Landgebiete, was China von anderen Entwicklungs- und Schwellenländern unterscheidet. Zwar lebt ein nicht unerheblicher Teil der Wanderarbeiter in den Städten in relativer oder sogar absoluter Armut. Die meisten Wanderarbeiter zählen aber aufgrund der oft nur temporären Migration und der fortbestehenden ländlichen Haushaltsregistrierung zur ländlichen Bevölkerung. Das beinhaltet in der Regel das bereits erwähnte Recht auf ein Stück Land im Heimatdorf. Das Ackerland befindet sich in dörflichem Kollektivbesitz. Es ist relativ gleichmäßig verteilt und wird in regelmäßigen Abständen umverteilt. Daher gibt es auch vergleichsweise wenige landlose Bäuerinnen und Bauern. Geografisch konzentriert sich die Armut entlang einer Linie, die den wasserreichen und dicht bevölkerten Südwesten Chinas vom ariden und dünn besiedelten Nordwesten trennt. Die Konzentration der Armut auf dem Land dürfte sich aber mit der weiteren Urbanisierung und der Aufhebung des Hukou-Systems in Zukunft relativieren.

Eine Person gilt unter einem bestimmten Pro-Kopf-Niveau für Einkommen oder Ausgaben als arm. Die Definition der Armutsgrenze ist ausschlaggebend dafür, wie groß statistisch der von Armut betroffene Bevölkerungsteil ist. Deshalb ist die Definition immer ein Politikum. Daten zum Einkommen chinesischer Haushalte zeigen eine massive Reduktion der Armut seit 1978. In der Volksrepublik wurde erstmals 1985 Armut definiert: auf dem sehr niedrigen Niveau von 200 Yuan pro Jahr. Die Armutslinie wurde 2008 auf 1.274 Yuan und 2016 auf 2.300 Yuan angehoben. Die letzten beiden Armutslinien erfassten zum Zeitpunkt ihrer Definition jeweils ca. fünf Prozent der chinesischen Bevölkerung. Eine bekannte, international akzeptierte Messlatte ist die Armutslinie der Weltbank, derzeit bei 1,90 Dollar pro Tag. Nach Kaufkraftparitäten von

2011 liegt die derzeitige offizielle Armutsdefinition in China bei 2,30 $ (Economist, 20.6.2020). Damit gibt es nach der Definition der Weltbank in China weniger Arme als nach den eigenen Maßstäben der chinesischen Regierung.

Die Zahl der offiziell als arm anerkannten Menschen ist durch die mehrfache Erhöhung der Armutslinien jeweils stark gestiegen. Viele Chinesen leben immer noch an der Grenze zur Armut. Doch die Erfolge bei der Armutsbekämpfung sind, das wurde im ersten Kapitel schon gezeigt, unumstritten. Rückschläge bei der Erreichung des Ziels, bis 2021 die Armut im ländlichen Raum vollständig zu beseitigen, gab es aufgrund der Afrikanischen Schweinepest, die insbesondere kleinbäuerliche Schweineproduzenten sowie Haushalte nahe der Armutslinie traf, die aufgrund der gestiegenen Preise mehr für Nahrungsmittel zahlen mussten. Die Corona-Pandemie hat sicher noch größere Auswirkungen.

Für die erfolgreiche Armutsbekämpfung war Chinas jahrzehntelanges Wirtschaftswachstum zentral. Der massive Rückgang der absoluten Armut in den 1980er und 1990er Jahren hängt eng mit der Rückkehr zur Bewirtschaftung des Bodens durch die Haushalte zusammen. Hinzu kommt der massive Anstieg der Wanderarbeit, der durch den industriellen Boom in den Küstenregionen ermöglicht wurde: Die Wanderarbeiter mögen im städtischen Kontext arm sein, im ländlichen Raum sind ihre Einkommen und ihr sozialer Status jedoch relativ hoch.

Seit der Jahrtausendwende wurden die bäuerlichen Einkommen zusätzlich durch die graduelle Abschaffung von Abgaben und Steuern entlastet. Direkte staatliche Eingriffe haben sich seit den Jahren nach 1990 auf Gebiete mit einem besonders hohen Anteil armer Bevölkerungsteile konzentriert: mit spezieller staatlicher Unterstützung für Infrastruktur-Programme und für sozialpolitische Maßnahmen. Seit der Jahrtausendwende wurden die ländliche Krankenversicherung und verschiedene Formen ländlicher Sozialhilfe eingeführt.

Ein anderes Element der Armutsbekämpfung ist die Umsiedlung der Landbewohner aus entlegenen in besser erschlossene Regionen. Das stößt bisweilen auf Schwierigkeiten. Nicht alle Dorfbewohner verlassen dabei freiwillig ihre Dörfer. Jüngere sind häufig offener für eine neue Umgebung, während insbesondere die Älteren oft nicht umziehen wollen. Gelungene Projekte zeichnen sich meist dadurch aus, dass die Umgesiedelten in den neuen Siedlungen die Möglichkeit haben, kleine Unternehmen zu gründen, und dass dort eine erhöhte Nachfrage nach Arbeitskraft besteht. Wo dies nicht der Fall ist und zudem Probleme mit der Bauqualität oder der Wasserversorgung bestehen, kommt es durchaus vor, dass die Umgesiedelten nach kurzer Zeit in ihre alten Behausungen und zur Landwirtschaft zurückkehren.

Zur Kampagne zur Eliminierung der Armut gehört neben Investitionen in die Infrastruktur auch die Förderung der Dörfer mit dem Schwerpunkt

E-Commerce. Viele abgelegene Dörfer sind sogenannte »Taobao«-villages. Sie erzeugen und vermarkten über landwirtschaftliche Kooperativen spezielle Produkte der lokalen Landwirtschaft oder des Nebengewerbes über den Online-Marktplatz Taobao des Alibaba-Konzerns.

Fehlende Besteuerung der Reichen

In seinem Buch »Kapital und Ideologie« hat sich der französische Wirtschaftswissenschaftler Thomas Piketty auch mit der Entwicklung von Einkommen und Vermögen in China auseinandergesetzt. Bei seinen Untersuchungen musste er feststellen, dass China und Russland sich durch besondere Intransparenz bei den Daten über Einkommen und Vermögen auszeichnen (Piketty 2020). Zwar gibt es seit 1980, kurz nach Beginn der Wirtschaftsreformen, eine progressive Einkommenssteuer mit einem Stufentarif und Grenzsteuersätzen von 5% für die niedrigsten und bis zu 45% für die höchsten Einkommen. Im Vergleich zur russischen »flat tax« mit einem Steuersatz von nur 13% seit 2001 ist das chinesische System zumindest in der Theorie viel progressiver. Aber über die Einkommensteuer in China wurden nie detaillierte Daten veröffentlicht.

Laut Piketty ist bei der Erfassung und Bewertung der Vermögen in China die Situation noch schlimmer als bei den Einkommen. Es gibt in China keine Erbschaftsteuer und bislang – trotz vieler gegenteiliger offizieller Ankündigungen – auch keine Grundsteuer. Damit gibt es auch keine Daten über die Weitergabe von Vermögen. Das macht die Erforschung der Vermögenskonzentration nahezu unmöglich. Solange in China Privateigentum nur in begrenztem Umfang existierte, war das Fehlen einer Erbschaftsteuer nicht überraschend. Aber seit sich mehr als zwei Drittel des chinesischen Kapitals in privaten Händen befinden, ist es erstaunlich, dass Chinas Staatsführung es zulässt, dass die Personen, die am meisten von den Privatisierungen und der wirtschaftlichen Liberalisierung profitiert haben, ihren gesamten Besitz ohne jegliche Steuer an ihre Kinder vererben können.

Piketty stellt dazu fest: »So haben wir zu Beginn des 21. Jahrhunderts eine höchst paradoxe Situation: Ein asiatischer Milliardär, der sein Vermögen steuerfrei weitergeben möchte, wird ein Interesse daran haben, sich im kommunistischen China niederzulassen. Ein besonders aufschlussreicher Fall ist Hongkong. Solange Hongkong britische Kronkolonie war, hatte es eine Erbschaftsteuer; 2005, wenige Jahre nach der Rückgabe und Integration in die Volksrepublik China, wurde sie abgeschafft.« Er spricht sogar von einem Steuerwettbewerb in Asien, der teilweise von China angeführt wird. Er befürchtet, dass die chinesische Führung die Gefahr übersehe, dass eine Gesellschaft auf der Basis von Privateigentum ohne ausreichende steuerliche und soziale

Absicherung in ein Maß an Ungleichheit abgleiten könne, das langfristig verhängnisvoll sei.

Piketty zufolge gibt es Empörung in großen Teilen der chinesischen Bevölkerung darüber, dass das Land immer mehr zu einer Plutokratie verkommt. Er und mit ihm viele chinesische Intellektuelle fordern sozialdemokratische Lösungen nach dem Vorbild der nordischen Länder Europas.

Chinesische Politiker kündigen immer wieder an, in sehr naher Zukunft werde es neue Formen der progressiven Besteuerung von Einkommen, Erbschaften und Vermögen geben. In den Schriften des chinesischen Parteichefs und Staatspräsidenten Xi Jinping finden sich allerdings keine Hinweise, wie die Partei der wachsenden sozialen Ungleichheit mit ihren zwangsläufigen politischen und wirtschaftlichen Folgen – von der faktischen Machtkonzentration bis zur zunehmenden Lähmung des Wirtschaftswachstums – institutionell begegnen will. Viel ist dagegen von der »unsichtbaren Hand« des Marktes die Rede, die unbedingt durch die »sichtbare Macht« des Staates ausbalanciert werden müsse. Xi Jinping spricht immer wieder von der Gefahr der potenziellen Degeneration der Partei »wegen der langen Dauer ihrer Machtausübung«, wogegen nur »ein unerbittlicher Kampf gegen Korruption« helfen könne (Ang 2020).

Der unter Xi Jinping mit großer Vehemenz durchgeführte und nach allen Berichten in China sehr populäre Kampf gegen die Korruption ist kein Ersatz für eine langfristig orientierte Politik, die der Kapitalakkumulation und der privaten Bereicherung enge Grenzen setzt. Piketty hat Recht, wenn er bezweifelt, dass es möglich ist, die Ungleichheiten in China allein mit dem Kampf gegen die Korruption, mit Amtsenthebungen und Verhaftungen in den Griff zu bekommen, ganz ohne eine systematische Erfassung und Besteuerung von Vermögen und Erbschaften. All jene, die sich zu sehr dafür interessieren, welche Vermögen Menschen angehäuft haben und mit welchen Mitteln, riskieren, selbst ins Gefängnis zu kommen.

Kapitel 3
Hybrider Staatskapitalismus oder »Sozialismus mit chinesischer Prägung«?

2017 hielt Chinas Staatspräsident und KP-Generalsekretär Xi Jinping auf dem 18. Parteitag der KP, der alle fünf Jahre stattfindet, eine dreieinhalbstündige Rede. Als er nach seinem Bericht zu seinem Sitz zurückging, zeigte sein Vorgänger Hu Jintao demonstrativ auf seine Uhr. In seiner Rede hatte Xi kaum einen Begriff so häufig verwendet wie den Begriff »Sozialismus«, insgesamt 73-mal. Aber genau 59-mal sprach er dabei nicht nur von Sozialismus, sondern von »Sozialismus mit chinesischer Prägung«.

China sagt also, dass es sozialistisch sei. Was genau damit gemeint ist, ist eine andere Sache. Die Frage, welchen Charakter das chinesische Wirtschafts- und Gesellschaftssystem hat und wie damit Chinas weitere Entwicklung determiniert wird, ist in erster Linie wichtig für das Leben der 1,4 Milliarden Menschen in China. Aber die Kommunistische Partei stellt inzwischen auch den modellhaften Charakter des »Sozialismus mit chinesischer Prägung« für andere Länder und Nationen heraus, für die sich damit neue Entwicklungsoptionen bieten. Außerdem könne der »Sozialismus chinesischer Prägung« auch zur Lösung der Probleme der Menschheit beitragen, so Xi Jinping: »Der Pfad, die Theorie, das System und die Kultur der chinesischen Variante des Sozialismus bietet eine neue Möglichkeit für andere Länder und Nationen, die ihre Entwicklung beschleunigen und gleichzeitig ihre Unabhängigkeit bewahren wollen; und er bietet chinesische Weisheit und einen chinesischen Ansatz zur Lösung der Probleme der Menschheit.« (Rede auf dem 19. Parteitag der KP am 18.10.2017, eigene Übersetzung)

Das klingt in westlichen Ohren, als wolle die KP ihr Modell doch in andere Länder exportieren. Dafür gibt es jedoch keine ernsthaften Indizien. Nach 40 Jahren erfolgreicher Entwicklung ist es eher Ausdruck des wachsenden Selbstbewusstseins der KP und der chinesischen Regierung gegenüber dem bislang weltweit dominanten Modell des »Washington Consensus«.

Vor 40 Jahren war allgemein unstrittig, dass China sozialistisch war. Vor 20 Jahren waren die meisten der Meinung, dass China nicht mehr sozialistisch war. Heute sind sich viele unsicher. Die Schere zwischen Arm und Reich ist in den letzten Jahren zwar nicht mehr weiter auseinandergegangen. Aber das Wohlstandsgefälle ist enorm, die soziale Absicherung noch lückenhaft und nicht vergleichbar mit den Sozialsystemen in Nord- und Westeuropa. Es gibt in China mehr Superreiche als in den USA. Nur 10% der Chinesen erzielten

Abb. 6: Einkommensanteile der Top 10% in den USA und China
(in % an allen Einkommen)

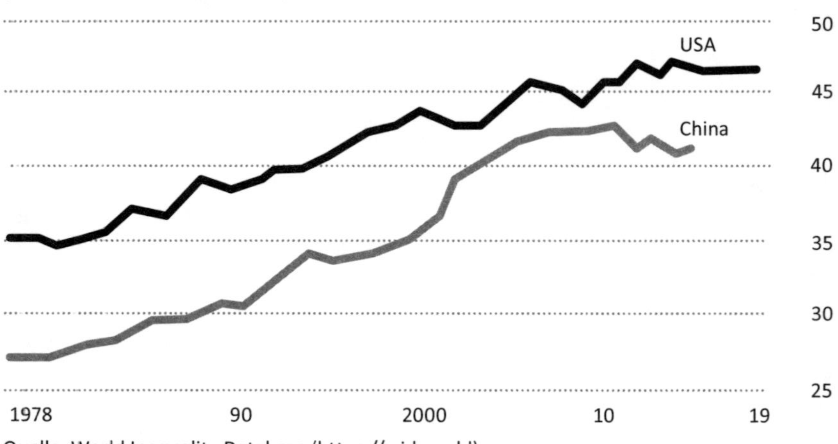

Quelle: World Inequality Database (https://wid.world)

2015 über 40% der gesamten Einkommen vor Steuern (siehe Abb. 6). Hervorzuheben ist jedoch, dass der Staat eine dominierende Rolle in Chinas Gesellschafts- und Wirtschaftssystem einnimmt, während Einzelkapitale wie Großkonzerne hinsichtlich politischer Entscheidungsmacht nur die zweite Geige spielen – im Gegensatz zum westlichen Kapitalismus.

Angesichts der wachsenden wirtschaftlichen Bedeutung Chinas und der zunehmenden internationalen Rolle des Landes ist der kapitalistische Westen aufgewacht: Die USA haben China zum strategischen Rivalen erklärt, die EU 2019 offiziell als »systemischen Konkurrenten«. Dabei treibt sie keineswegs die Sorge, die Volksrepublik könnte sich etwa in die inneren Verhältnisse der USA einmischen und unter den Amerikanern für die Ablösung der US-Plutokratie durch einen Sozialismus nach chinesischem Muster werben. Die reichen Länder des Westens, Japan und Australien eingeschlossen, machen ihre neue konfrontative Position zuallererst an der immens gewachsenen wirtschaftlichen Stärke fest, weswegen Chinas Aufstieg unbedingt gebremst werden müsse. Außerdem berufen sie sich darauf, dass die chinesische Wirtschaft mit systematischer staatlicher Steuerung, weltweit erfolgreichen und hoch innovativen Staats- und Privatunternehmen und mit 40 Jahren ununterbrochenem Wachstum dem neoliberalen Laissez-faire-Kapitalismus den Rang abläuft und dadurch die Hegemonie des Westens infrage stellt. Es macht China aus westlicher Sicht zu einem umso gefährlicheren Rivalen, weil er international sehr erfolgreich agiert, ohne sich politisch oder gar militärisch in andere Länder einzumischen. Und auch, weil sein Entwicklungsweg in vielen Ländern des globalen Südens als Blaupause für den eigenen Aufstieg aus Armut und kolonialer Abhängigkeit diskutiert wird.

Für Europa und die EU ist es eine bittere Demonstration ihrer Schwäche und der Kontraproduktivität der Austeritätspolitik des letzten Jahrzehnts, dass der chinesische Staatskonzern Cosco vom griechischen Staat den Hafen Piräus kaufen konnte, dass Italien dem Projekt »Neue Seidenstraße« beigetreten ist und dass China im Rahmen des »17+1«-Formats eine enge wirtschaftliche Kooperation mit den Staaten in Zentral- und Osteuropa und auf dem Balkan, darunter mehrere EU-Mitglieder, etabliert hat.

Für die Eliten im Westen ist die Sache klar: Der chinesische Staat agiert unfair zugunsten heimischer Staats- und Privatkonzerne und schränkt damit die Freizügigkeit des Kapitals ein. Gleichzeitig haben sich die Multis aus dem Westen – von Apple über GM und Toyota bis VW – in den letzten Jahrzehnten in China, ihrem weltgrößten und oft profitabelsten Markt, fest etabliert und sich mit dem chinesischen System – egal, ob es als staatskapitalistisch oder sozialistisch bezeichnet wird – bestens arrangiert. Sie machen wenige Anstalten, den patriotischen Aufrufen der eigenen Regierungen zur Rückverlagerung von Produktion etc. zu folgen, nutzen hingegen den Druck aus dem Westen gerne für bessere Geschäftskonditionen im Land.

Kapitalistische Dynamik in sozialistischer Einhegung?

Für den britischen Historiker Perry Anderson ist das China des 21. Jahrhunderts nach konventionellen Maßstäben ein welthistorisches Novum: eine vorwiegend kapitalistische Ökonomie kombiniert mit einem fraglos kommunistischen Staat – jeweils in ihrer dynamischsten Form (Anderson 2010).

Für die chinesischen Experten und Ökonomen, die die Ende der 1970er Jahre eingeleiteten marktwirtschaftlichen Reformprozesse untersucht haben, liegt Chinas Erfolgsgeheimnis in der Entwicklung der Märkte bei gleichzeitigem Festhalten am öffentlichen Eigentum und bei aktivem staatlichen Eingreifen in die Märkte. Ding Xiaoqin, Professor für Politische Ökonomie, erläuterte 2019 in einem Vortrag in München das Verhältnis von Markt und Staat im chinesischen Wirtschaftssystem:

»Wenn man von Marktwirtschaft spricht, dann sind viele neoliberale Gelehrte der Meinung, dass die Marktwirtschaft nur auf Privateigentum beruhen kann. Das wirksame Funktionieren der Marktwirtschaft setzt voraus, dass Unternehmen unabhängig, selbst finanziert und mit klaren Eigentumsrechten ausgestattet sind. Dies bedeutet jedoch nicht, dass die Marktwirtschaft nur auf Privateigentum beruhen kann. Obwohl private Unternehmen naturgemäß die Anforderungen der Marktwirtschaft erfüllen, kann trotzdem nicht behauptet werden, dass sich nur private Unternehmen an die Anforderungen der Marktwirtschaft anpassen können, und dass öffentliche Unternehmen nicht in der Lage seien, sich an die Anforderungen der Marktwirtschaft anzupassen. Öffentliche Unternehmen, einschließlich staatlicher Unternehmen, können sich durch systemische Umgestaltung, die Einführung moderner Unternehmenssysteme, den Aufbau standardisierter und wirksamer Governance-Strukturen und demokratischer Unternehmensführung selbständig machen, sich selbst finanzieren und klare Eigentumsrechte erwerben, um sich an die Anforderungen der Marktwirtschaft, also des öffentlichen Eigentums, anzupassen. Das öffentliche Eigentum kann mit der Marktwirtschaft kombiniert werden ...

China befindet sich in der Anfangsphase des Sozialismus. In dieser Anfangsphase kann China noch nicht alle Produktionsmittel zur Verfügung stellen, und es ist unmöglich, lediglich öffentliches Eigentum zu haben. Es ist auch nicht möglich, die Entwicklung der Volkswirtschaft gänzlich selbst zu koordinieren und zu planen. Ferner beweist die bisherige Praxis, dass die Marktwirtschaft Ressourcen effektiver als die traditionelle Planwirtschaft zuordnen und die soziale sowie wirtschaftliche Entwicklung fördern kann ... Aus diesem Grund muss China heutzutage öffentliches Eigentum mit Marktwirtschaft verbinden ...

Der Markt wird genau in dem Umfang genutzt, wie es dem allgemeinen Wohlstand der Menschen dient ... Der Markt spielt eine entscheidende Rolle bei der Verteilung von Ressourcen. Dies bedeutet allerdings nicht, dass der Markt über alle Funktionen verfügt, und dass die Regierung nichts tun muss. Die Regierung muss darauf bestehen, bestimmte Funktionen zu übernehmen, und sie muss dem Markt Freiräume überlassen ... .« (Ding Xiaoqin 2019)

Die im Vergleich zu den ehemals sozialistischen Staaten des Ostblocks sehr erfolgreiche wirtschaftliche Transformation Chinas von einer Planwirtschaft zu einer Marktwirtschaft mit starker staatlicher Kontrolle bedarf einer Erklärung. Chinesische Wissenschaftler sehen den Schlüssel für Chinas Aufstieg in der stabilen Richtung und im prozesshaften Charakter der Transformation. Sie sprechen von der progressiv-graduellen Einführung eines marktwirtschaftlichen Systems. Wahrscheinlich gab es dabei aber keinen großen Plan, eher das – regional sehr unterschiedliche – Experimentieren mit »Trial and Error« zwischen Laissez-faire-Kapitalismus und staatlicher Kontrolle und Anreizen.

Es gab aber auch radikale Eingriffe: 1983 wurde auf dem Land das Haushaltsvertragssystem eingeführt, das den Bauern das Land zur privaten Bewirtschaftung überließ und damit viele Millionen ländliche Arbeitskräfte freisetzte. 1988 wurden in vielen Sektoren die staatlich fixierten Preise abgeschafft, was kurzfristig zu erheblichen Preissteigerungen und Inflation führte. Das wiederum war ein Auslöser für die Demonstrationen 1989 auf dem Tian'anmen-Platz. 1992 richtete China in Shenzhen die erste Wirtschaftssonderzone ein, eine Art kapitalistischer Abenteuerspielplatz für ausländisches Kapital, das mit billigen Arbeitskräften und Steuer- und Zollfreiheit angelockt wurde. Seit 1996 wurden zigtausende Staatsbetriebe restrukturiert, geschlossen oder privatisiert; dabei verloren in wenigen Jahren mehr als 40 Millionen Beschäftigte ihren bislang sicheren Arbeitsplatz, an den auch die Wohnung und die Gesundheitsversorgung gebunden war.

Diese radikalen Operationen, die Chinas Entwicklung entscheidend stimuliert haben, brachten massive soziale Umwälzungen und Verwerfungen, die in Summe das Leben von hunderten Millionen Menschen verändert haben – und das in vergleichsweise kurzer Zeit. Unter dem Druck von Marktorientierung, Industrialisierung, Urbanisierung und schneller Entwicklung haben sich gesellschaftliche Widersprüche und gesellschaftliche Strömungen und Bewegungen entwickelt, die heute die chinesische Gesellschaft prägen.

Hat China in diesem enormen Transformationsprozess an einem Wirtschafts- und Gesellschaftssystem festgehalten, das eine Alternative zum westlichen Kapitalismusmodell sein kann, wie die KP immer wieder erklärt? Für den US-Ökonomen und China-Spezialisten Barry Naughton sind verschiedene Kriterien entscheidend für die Prüfung, ob eine Regierung sozialistisch ist: die Fähigkeit, in die wirtschaftliche Entwicklung einzugreifen und sie bewusst zu gestalten; das Ziel, damit bessere Resultate zu erreichen als ohne bewusste Eingriffe; und schließlich die Umverteilung des gesellschaftlichen Reichtums (Naughton 2018).

Ob eine Regierung die wirtschaftliche Entwicklung gestalten kann, hängt für Naughton davon ab, ob sie einen genügend großen Teil der Wirtschaftsleistung kontrolliert. Denn neben der Gesetzgebung und Regulierung durch die Regierung können auch Konzerne im Staatsbesitz die Marktkräfte beeinflussen. Dafür muss die Regierung aber selbst ein wichtiger Player in der Marktwirtschaft sein. 1996, nicht einmal 20 Jahre nach Beginn der marktwirtschaftlichen Reformen und der Privatisierungen, kontrollierte die chinesische Regierung nur noch 11% der Wirtschaftsleistung. Sie konnte damit Chinas Wirtschaftspolitik kaum gestalten. Daraufhin korrigierte die KP ihren Kurs, sodass 2015 der staatliche Anteil an der Wirtschaftsleistung wieder 23% betrug.

Der zweite Maßstab ist, ob die chinesische Regierung ihre wirtschaftliche Macht bewusst nutzt, um die gesellschaftliche Entwicklung zu gestalten. Für Naughton ist die Antwort darauf klar mit »Ja« zu beantworten. Denn in den vergangenen Jahren lag der Fokus der Regierung besonders auf Sozialprogrammen und auf den folgenden drei Gebieten: Ausbildung, Gesundheit und Umbau und Modernisierung der Industrien.

Das gilt auch für die Umverteilung des gesellschaftlichen Reichtums. Umverteilung funktioniert in China nicht über das Steuersystem, weil Einkommens- und Vermögenssteuern bislang sehr niedrig sind und damit die Mittelschichten, in besonderem Maße aber Reiche und Superreiche begünstigen. Etwa seit

2000 hat China aber ein Netz sozialer Absicherungen geschaffen, das alle Bürger umfasst. In diesem Sinne haben sie Anspruch auf Mindestlohn, Gesundheitsversorgung und Erziehung.

Wem gehören die Produktionsmittel?

Während die Menschen sehr unterschiedlich vom wirtschaftlichen Aufstieg des Landes profitiert haben und unter der Ägide von Xi Jinping die zunehmende Umverteilung des gesellschaftlichen Reichtums an die Mittelschichten und an Chinas Reiche und Superreiche bestenfalls gestoppt worden ist, spielt die KP nach wie vor eine dominante Rolle in der wirtschaftlichen Entwicklung.

Trotz der Existenz eines dynamischen Privatsektors wird Chinas Wirtschaft zu großen Teilen vom Staat gemanagt und kontrolliert. In Staatsplänen definiert die Regierung die wirtschaftlichen Ziele. Der Staat mit seinen verschiedenen Ebenen (Zentralregierung, Provinzen, Bezirke und Kreise) ist Eigentümer der Unternehmen in den wichtigsten strategischen Sektoren. Noch vor wenigen Jahren waren in der Fortune 500-Liste die 15 umsatzstärksten chinesischen Unternehmen allesamt Staatskonzerne. Sie dominieren den Energiesektor, die Finanzindustrie, die Telekommunikation und die Eisenbahnen. Der chinesische Staat hat in der Vergangenheit auch immer wieder direkt in den Märkten wie Börsen, Immobilienmarkt etc. interveniert, wenn es wirtschaftspolitisch geboten erschien. Außerdem kontrolliert der Staat den gesamten Grund und Boden, der auf Zeit an Privathaushalte und Unternehmen verpachtet wird. Der chinesische Staat besitzt also einen großen Teil der Produktionsmittel. Das ist ein klassisches Charakteristikum des Sozialismus.

Nach den Daten von Thomas Piketty lag der Anteil des staatlichen Kapitals in China 1978, zu Beginn der Wirtschaftsreformen, bei knapp 70% des nationalen Kapitals (Piketty 2020). In den 1980er und 1990er Jahren bis Anfang der 2000er Jahre ging der Anteil des staatlichen Kapitals stark zurück. Etwa seit 2005 hat sich der Anteil des staatlichen Kapitals bei rund 30 % stabilisiert. Anders ausgedrückt: Die schrittweise Privatisierung der Produktionsmittel in China ist seit 2005/2006 unterbrochen, das Verhältnis zwischen Staats- und Privateigentum hat sich seither nicht mehr verändert.

Angesichts der hohen Wachstumsraten der chinesischen Wirtschaft wächst auch das Kapital in staatlicher Hand ungefähr im gleichen Tempo wie das private. Für Piketty scheint sich damit in China eine Eigentumsstruktur zu stabilisieren, die man als gemischte Wirtschaft bezeichnen kann: Das Land sei nicht mehr kommunistisch, weil 70% des gesamten Eigentums mittlerweile in Privathand sind; es sei aber auch nicht vollkommen kapitalistisch mit noch immer 30% Staatseigentum, dem zwar kleineren, aber substanziellen Anteil. Dass der

Staat fast ein Drittel dessen, was man in China besitzen kann, sein Eigen nennt, gibt ihm beträchtliche Macht über Investitionen, die Schaffung von Arbeitsplätzen und die regionale Entwicklungspolitik. Hinter dem Durchschnittswert von 30% Staatsbesitz verbergen sich allerdings große Unterschiede je nach Sektor und Art der Anlagen.

Die öffentliche Hand kontrollierte nach Daten von Piketty Mitte des letzten Jahrzehnts rund 55-60% des gesamten Kapitals der Unternehmen (alle börsennotierten und nicht börsennotierten Gesellschaften jeglicher Größe und aus allen Branchen addiert). Dieser Anteil hat sich seit 2005/2006 praktisch nicht verändert und zeugt davon, dass Staat und KP nicht nur immer noch festen Zugriff auf das Produktionssystem haben, sondern dass ihre Kontrolle der großen Unternehmen sogar noch stärker geworden ist. Nach den von Piketty erhobenen Daten ist außerdem zu beobachten, dass der Anteil des Unternehmenskapitals im Besitz ausländischer Investoren relativ zurückgeht, was dadurch kompensiert wird, dass der Anteil im Besitz chinesischer Haushalte steigt.

In China scheint sich damit eine gemischte Wirtschaftsstruktur dauerhaft zu etablieren. Privatunternehmen tragen über 60% zu Chinas Wirtschaftsleistung bei und sichern 80% der Beschäftigung in den Städten. In manchen Städten wie Wenzhou an Chinas boomender Ostküste sind sogar mehr als 95% aller Unternehmen im Privatbesitz. 70% aller Investitionen kommen von Privatleuten. 2017 wurden in China 15.000 neue Unternehmen täglich (!) registriert.

Trotzdem sind die Diskussionen über das Verhältnis von Staats- und Privateigentum nicht abgeschlossen. Piketty geht aber davon aus, dass die derzeitige Balance für die absehbare Zukunft weiterbestehen wird, zumal Forderungen nach Veränderungen oft aus gegensätzlichen gesellschaftlichen und ideologischen Lagern kommen und einander widersprechen. Eher linksorientierte Intellektuelle verlangen neue Formen der Machtverteilung, eine Dezentralisierung der Staatskontrolle. Arbeitnehmervertreter und Gewerkschaften sollen wichtige Rollen spielen, während der Einfluss der Partei und der lokalen Verwaltung reduziert werden soll. Umgekehrt kommen aus Kreisen der Privatwirtschaft Forderungen nach weiteren Privatisierungen, nach mehr Rechten für private Aktionäre und mehr Markt – China solle sich nach dem angelsächsischen Modell des Kapitalismus entwickeln. Die Führung der KP wird sich diesen gegensätzlichen Forderungen wahrscheinlich widersetzen, so Piketty. Denn beide würden in ihren Augen langfristig die harmonische und einheitliche Entwicklung des Landes gefährden und ihren eigenen Einfluss schmälern.

Symbiose von Staatskonzernen und Privatunternehmen?

Im Westen gelten die chinesischen Privatfirmen als verlängerter Arm der KP. Der Technologiekonzern Huawei beispielsweise wird in den deutschen Medien so dargestellt. In einem Land von der Größe Chinas, in dem auf die Privatunternehmen 70 bis 80% aller Beschäftigten entfallen, ist das ein sehr simpel gestrickter Vorwurf, hinter jedem erfolgreichen Unternehmen das finstere Wirken der KP zu vermuten. Wovon damit abgelenkt wird, sind die gravierenden Versäumnisse der Industriepolitik in Europa und den USA. Ebenso wie im kapitalistischen Westen, wo Unternehmen »die politische Landschaft pflegen«, haben größere Privatunternehmen in China Kontakte zur lokalen oder Provinzadministration sowie zur KP. Natürlich werden auch im Westen Privatunternehmen kräftig staatlich gefördert, ob direkt wie Boeing, Airbus oder im Silicon Valley oder indirekt wie die deutsche Autoindustrie beispielsweise über die Dienstwagenbesteuerung. Trefflich streiten lässt sich über den Nutzen der staatlichen Wirtschaftsförderung. Der weltweite Erfolg vieler chinesischer Unternehmen hat viele Ursachen und basiert nicht allein auf dem Wirken der KP.

»Investoren spielen in einem autoritären China immer die zweite Rolle«, beschwerte sich einmal die Financial Times. Richtig ist, dass in den Jahrzehnten der marktwirtschaftlichen Öffnung Chinas wirtschaftliche und gesellschaftliche Zukunft immer oberste Priorität der KP geblieben ist, nicht die Interessen privater Investoren. Das zeitweilige Abtauchen von einigen ultrareichen Konzernchefs wie der Bosse von HNA (zeitweilig an der Deutschen Bank beteiligt), Anbang oder Fosun wird im Westen gerne als Beleg für die politische Diskriminierung von Privatunternehmern durch die KP zitiert. Diese standen aber vor allem deshalb im Fokus, weil sie sich nicht an die verschärften Auflagen für chinesische Auslandsinvestitionen gehalten hatten, mit denen China den Kapitalabfluss regulieren und aus Sicht der Volkswirtschaft unsinnige Investments (z.B. Luxushotels in New York oder britische oder italienische Fußballclubs) stoppen wollte. Von den 2.130 Superreichen, die im Jahr 2017 im Hurun-Report, Chinas Ranking der Milliardäre, gelistet waren, hatten gerade einmal fünf Ärger mit den Justizbehörden des Landes.

Gleichzeitig hat es die KP aber geschafft, die widersprüchlichen Beziehungen zwischen Staatskonzernen und Privatunternehmen so zu gestalten, dass Unternehmen des Staatssektors zunehmend erfolgreich mit Privatunternehmen zusammenarbeiten – zum höheren Wohle Chinas und gleichzeitig für den Profit. Im Westen diskutierte Befürchtungen, dass Chinas Privatkapitalisten immer mehr die Lust am Geschäftemachen verlieren, weil KP-Chef und Staatspräsident Xi Jinping aus ideologischer Borniertheit Staatskonzerne bevorzugt, weil Privatunternehmen schlechter als Staatskonzerne an Kredite kommen und weil die KP jetzt einen verstärkt egalitären Kurs verfolgt, haben sich dagegen nicht materialisiert. Ein Beleg: Seit Xi Jinping 2012 zum KP-Chef gewählt wurde, hat sich die Börsenkapitalisierung der zehn größten Privatkonzerne des Landes um zwei Billionen (!) $ erhöht.

Wirtschaftliche Stärke übersetzt sich in gesellschaftlichen Einfluss und damit in politische Macht. Das gilt für den kapitalistischen Westen ebenso wie für China und seine großen Privatkonzerne wie die Internet-Riesen Alibaba und Tencent. Deren Beziehungen zur KP sind eng und gleichzeitig kompliziert. Ihr Gründer Jack Ma und Pony Ma (keine Verwandtschaftsbeziehung!) sitzen in wichtigen Gremien der KP oder des Staates, sind in politische Weichenstellungen eingebunden und nehmen regelmäßig zu gesellschaftlichen Themen Stellung. So äußerte sich Jack Ma von Alibaba öffentlich abfällig über den Netzprotest von chinesischen IT-Beschäftigten gegen das in den chinesischen Internetfirmen praktizierte 9-9-6-Arbeitszeitmodell mit Arbeitszeiten von neun Uhr morgens bis neun Uhr abends an sechs Wochentagen, also eine 72-Stunden-Woche: Sie sollten einfach härter arbeiten! Faulenzer hätten bei Alibaba keinen Platz. »Im Silicon Valley haben die Leute eine bessere Work-Life-Balance. Das wird es auch in China geben – aber jetzt noch nicht.« (Financial Times, 26.8.2020) Die staatlichen chinesischen Gewerkschaften unterstützten die Proteste der IT-Beschäftigten, die die Einhaltung der gesetzlichen 40-Stunden-Woche forderten. Die Proteste gehen weiter.

Aber die Internet-Konzerne fordern mit ihrer Macht auch die KP heraus, wenn sie echte rote Linien überschreiten. Alipay und WeChat-Pay, die praktisch von jedem Chinesen genutzten digitalen Zahlungs- und Kreditplattformen von Alibaba und Tencent, sind in das Visier der chinesischen Zentralbank geraten mit ihren Plänen, eine digitale Währung einzuführen und damit die staatliche Kontrolle über Chinas Finanzsektor zu unterminieren.

KP-Kontrolle in jedem Privatunternehmen?

Partei und Staat haben die strategische Kontrolle über den Privatsektor durch den Aufbau von Parteigliederungen in allen Unternehmen ausgedehnt. Immer mehr Staatskonzerne haben in ihren Statuten die Konsultation mit Parteigremien vor großen Entscheidungen verankert. Aber mit der Etablierung von Parteizellen jetzt auch in Privatunternehmen will die KP nicht dem privaten Kapital an die Gurgel. Vielmehr geht es darum, beim Management Unternehmen die gesellschaftlichen Entwicklungsziele, die von der KP und in den Staatsplänen formuliert sind, besser zur Geltung zu bringen und die widersprüchlichen Interessen der Einzelkapitale zeitweilig auszugleichen.

Zu den Werkzeugen der strategischen Wirtschaftssteuerung gehört auch das Sozialkreditsystem, es bestraft Firmen und ihre Manager, falls sie die gesetzlichen und regulatorischen Vorschriften verletzen. Zur strategischen Wirtschaftssteuerung gehört vor allem eine gezielte Industriepolitik, die Engpässe in den Lieferketten der chinesischen Industrie z.B. bei Halbleitern überwinden soll.

Eine Randnotiz zum zunehmenden KP-Einfluss in Privatunternehmen: Fast 400 börsennotierte Privatunternehmen zitieren in diesem Jahr in ihren Geschäftsberichten KP-Chef Xi Jinping. Darunter auch der Schnapshersteller Wuliangye, der behauptet, dass durch die Anwendung der »Xi Jinping-Gedanken« die Qualität der hochprozentigen Spirituose besser geworden sei. Man könnte das als Poesie in Geschäftsberichten abtun, ähnlich wie die »Mission«-Statements westlicher Konzerne. Aber der Economist (15.8.2020) spricht schon von den »Xinomics«, womit er eine bislang durchaus erfolgreiche Neugestaltung des chinesischen Staatskapitalismus meint. Die neue Wirtschaftsagenda von Xi ziele auf das bessere Funktionieren von Märkten und Innovationen innerhalb definierter Grenzen. »Dieser rücksichtslose Mix von Autokratie, Technologie und Dynamik kann für Jahre Wachstum garantieren«, schreibt der Economist.

Bislang hat China also westliche und auch chinesische Kritiker widerlegt, die eine Stärkung der Rolle des Staates auf Kosten der Privatwirtschaft befürchten und als dessen Folge einen Einbruch des Wachstums und des Innovationstempos der chinesischen Wirtschaft prognostizieren. Die KP will vielmehr eine kraftvollere Form des staatlich gesteuerten Kapitalismus, in dem Staatskonzerne mehr Marktdisziplin und Privatunternehmen eine Prise mehr Parteidisziplin bekommen sollen. Das Projekt, das ganz unterschiedliche Interessen auszugleichen versucht, soll für noch mehr stabiles Wachstum sorgen. Nicht zuletzt die Erfolge im Kampf gegen die Corona-Pandemie haben in den Analysen der KP die Überzeugung von Chinas »institutionellen Vorteilen« – nämlich ein Ein-Parteien-System, das die wirtschaftlichen und sozialen Ressourcen des Landes effektiv bündeln kann – verstärkt.

Zur erfolgreichen Wirtschaftspolitik der KP gehört auch, dass klarere Grenzen und Regeln für die Märkte etabliert sind: durch ein gestärktes Rechtssystem für Unternehmen, vereinfachte Regeln für bürokratische Prozesse und ein Finanzsystem, das Kapital effizienter allokiert. Bei den Reformen im Rechtssystem geht es nicht um politische Rechte, sondern um Professionalisierung und mehr Autorität für die Gerichte in wirtschaftlichen und administrativen Fragen. Die von westlichen Investoren lautstark eingeforderte »rule of law«, die Rechtssicherheit für Unternehmen, wird also zunehmend entwickelt. Chinas Wirtschaft ist zu komplex, als dass lokale, eventuell korrupte Beamte noch Streitfälle lösen könnten. Die Zahl der Klagen vor den Gerichten ist explodiert: Seit 2012 hat sich die Zahl der Klagen vor Verwaltungsgerichten verdoppelt, die Zahl der Zahlungsunfähigkeitsfälle verzehnfacht (siehe Abb. 7). Im letzten Jahr akzeptierten die Gerichte fast 500.000 Klagen wegen Patentverletzun-

Abb. 7: Anzahl von Gerichtsfällen in China (in Tausend)

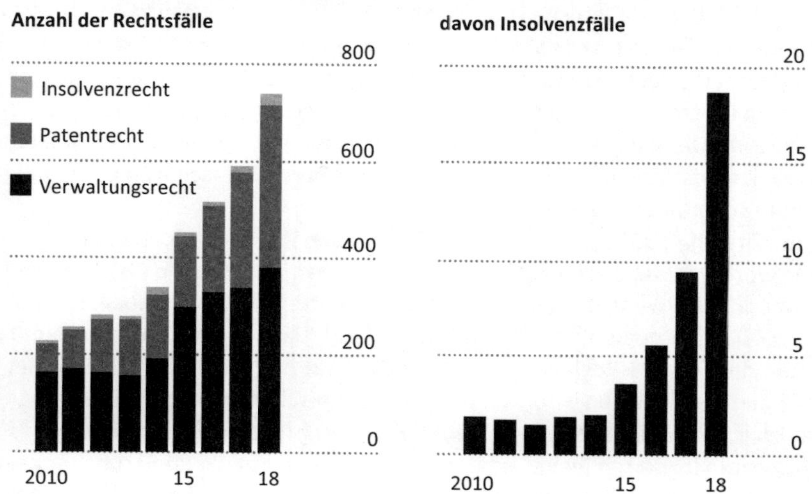

Quelle: Economist, 15.8.2020, nach Daten des Supreme People's Court of China

gen etc. Ausländische Firmen, deren Verbandsvertreter und Politiker sich immer wieder über Chinas Know-How-Diebstahl beschweren, haben vor chinesischen Gerichten übrigens 89% solcher Klagen gewonnen.

Die administrativen Prozesse für Unternehmen und Private sind vereinfacht worden: Nach einer Studie der Weltbank dauert es gerade einmal neun Tage, ein Unternehmen zu starten. Eine Baugenehmigung braucht 111 statt bisher 247 Tage. Chinas Wildwest im Finanzsektor mit unregulierten Schatten- und Internet-Banken, mit Schneeball-Systemen zur Abzocke von chinesischen Sparern und mit einer Explosion der Verschuldung von Unternehmen und Privaten ist vorbei. Das hat auch das ungesunde kreditfinanzierte Wachstum deutlich eingebremst: Zwischen 2008 und 2016 wuchs die innere Verschuldung von Unternehmen, lokalen Regierungen und Privathaushalten im Verhältnis zur Wirtschaftsleistung jährlich um zehn Prozentpunkte. In den letzten Jahren ist die Schuldenquote aber nur noch um vier Prozent gewachsen.

Außerdem sollen Staatsfirmen effizienter werden und bei den industriepolitischen Schwerpunkten der Regierung (z.B. Digitalisierung der Industrie) verstärkt mit Privatunternehmen zusammenarbeiten. Chinas Staatskonzerne, deren Bewertung im Herbst 2019 auf das Doppelte der gesamten jährlichen Wirtschaftsleistung Chinas geschätzt wurde, sollen stärker marktorientiert operieren, mehr private Investoren anlocken und ihr Management und damit ihre Profite verbessern. Dahinter steht auch ein finanzpolitisches Kalkül: Würden die Staatskonzerne ihre Gewinnmarge im Schnitt nur um ein halbes

Prozent steigern, könnte China alle Einkommenssteuern streichen (Financial Times, 2.10.2019). Staatliche Unternehmen sollen mehr Privatfirmen und Privatunternehmen ihrerseits Staatskonzerne als Partner finden. »Mixed Ownership« lautet die Vorgabe. Staatskonzerne werden seit 2019 am Netto- und nicht mehr am Bruttoergebnis gemessen, was den Druck erhöht, ihre Produktivität zu steigern. Das widerspricht allerdings den Vorgaben, die die KP den Staatskonzernen während der Corona-Pandemie machte: die Beschäftigung zu halten und sogar Arbeitsplätze zu schaffen.

Im Wirtschaftskrieg der USA gegen China ist im Westen aufmerksam registriert worden, dass das industriepolitische Programm »Made in China 2025«, das mehr oder weniger das ganze verarbeitende Gewerbe abdeckte, 2019 und 2020 kaum noch offizielle Erwähnung fand. Das hat aber weniger damit zu tun, dass die US-Regierung sich öffentlich auf das Programm als Beispiel für Chinas angeblich unfairen Wettbewerb eingeschossen hat. Vielmehr war das Programm chinesischen Kritikern zufolge zu breitflächig angelegt: Jedes Ministerium förderte eigene Lieblingsprojekte. Jetzt hat die Regierung umgesteuert und konzentriert ihre Industriepolitik nicht mehr auf ganze Sektoren, sondern auf bestimmte Technologien, in denen China erpressbar ist. Dazu gehört beispielsweise die in der Halbleiterfertigung elementare Technologie der Fotolithografie. Mit über 100 Mrd. $ fördert die chinesische Regierung Staats- und Privatunternehmen in der Halbleiterindustrie, aber vor allem gemeinsame Projekte in »mixed ownership«. Im April 2020 verkündete YMTC, ein 2016 mit privatem und staatlichem Kapital gegründetes Halbleiterunternehmen in Wuhan, es könne nun Speicherchips in der gleichen Qualität wie Samsung, Weltmarktführer in diesem Segment, herstellen.

Runderneuerung der KP für »das ewige Wohlergehen« und die »Erneuerung der chinesischen Nation«

In Chinas Wirtschaftswunderjahren vor der Finanzkrise mit zweistelligen Wachstumsraten konnte man den Eindruck bekommen, dass die KP gesellschaftlich immer mehr an Bedeutung verlor – angesichts der Reformen und der enormen Wirtschaftsdynamik sowie einer wachsenden Mittelklasse und der immer engeren internationalen Verflechtung. Hinzu kam die grassierende Korruption, die das Ansehen der Partei massiv schädigte. In der Verwaltung und in den Staatskonzernen spielte die Partei zwar noch eine Rolle, aber nicht in der florierenden Privatwirtschaft. Dabei galt seit der Niederschlagung der Demonstrationen auf dem Pekinger Tian'anmen-Platz 1989 der ungeschriebene Gesellschaftsvertrag: Die KP sorgt für wachsenden Wohlstand und kann dafür ungestört regieren. Dieser Vertrag hat offenbar funktioniert. Auch unter chinesischen Intellektuellen, die lange im Ausland gelebt haben, haben die westlichen Demokratien heute nur noch beschränkte Attraktivität. Hinzu kommt Chinas gewachsenes Prestige im Ausland, zwar weniger in Deutschland und anderswo im reichen Westen, aber im Rest der Welt. Meinungsumfragen haben das schon vor Corona dokumentiert.

Spätestens mit der Wahl von Xi Jinping zum Generalsekretär 2012 setzte ein Prozess der Runderneuerung der Partei ein. Die Aufnahmekriterien in die KP werden heute restriktiver gehandhabt. Nicht mehr jeder Uniabsolvent, der Karriere im Staatsapparat machen will, wird Mitglied. Nur jeder zehnte Antragsteller bekommt die Mitgliedschaft. Parteizellen wurden reaktiviert, die Partei ist wieder flächendeckend präsent. Sie hat moderne Service-Zentren eingerichtet, davon allein über 1.000 in der Hightech-Metropole Shenzhen mit zwölf Millionen Einwohnern. Die Service-Zentren bieten Beratung z.B. für Firmengründer, Gymnastik- oder Sprachkurse und dienen als Versammlungsräume. Die KP hat nicht nur eine App lanciert, die die Mitglieder und Staatsbeamten zum Studium der Schriften anhalten soll und die Fortschritte überprüft. »Warum Marx Recht hat« ist der Titel eines von vielen Kurzvideos aus der Propagandaabteilung der KP, die sich an technikaffine junge Zielgruppen richten.

Allerdings hat die Partei ein Legitimationsproblem: Nach einer von MERICS zitierten Studie chinesischer Wissenschaftler über die soziale Zusammensetzung der KP macht die nicht zur Führungs-, Wirtschafts- oder Bildungselite zugerechnete »Kernklientel« der Partei – also arme Bauern, Wanderarbeiter, Facharbeiter, Angestellte und Lehrer – immer noch über 90% der Parteimitglieder aus (Shih 2017). Sie haben in der KP jedoch keinen signifikanten politischen Einfluss. Der Studie zufolge begünstigt die zunehmende Zentralisierung der politischen Macht und wirtschaftlichen Ressourcen die Cliquenbildung innerhalb der Partei. Ziel dieser Cliquen sei es, persönliche Privilegien auszubauen und abzusichern.

Die KP hat unter Xi Jinping wieder einmal eine Anti-Korruptionskampagne losgetreten. Vorher hatte es reichlich Skandale gegeben: In einer der vielen Eigentumswohnungen eines früheren Eisenbahnministers fanden sich Unmengen Bargeld, zimmerhoch gestapelt. Ein zeitweiliger als Rivale von Xi gehandelter früherer KP-Chef der 30-Millionen-Stadt Chongqing stolperte u.a. über eine Villa in Frankreich und ein britisches Eliteinternat für seinen Nachwuchs. Und der Sohn eines früheren Ministerpräsidenten beging in Peking mit seinem Ferrari nach einem Crash Unfallflucht.

Der Unterschied zu früher: Die aktuelle Kampagne hält bis heute an und macht auch vor den obersten Führungsebenen nicht Halt. Ein persönliches Erlebnis illustriert ihre Reichweite: Bei einem Werksbesuch in einer chinesischen Millionenstadt erklärte der deutsche Werksleiter, der damalige Bürgermeister habe das neue Werk eröffnet. Der sei jedoch nun wegen Korruption hinter Gittern. Die Maßnahmen gegen Korruption trafen schon in den Jahren bis 2017 über eine Million Parteimitglieder und immerhin jedes zehnte Mitglied des Zentralkomitees der KP.

Den Kampf gegen die Korruption in der KP in erster Linie als Versuch zu interpretieren, potenzielle Rivalen für Xi Jinping und den inneren Führungskreis auszuschalten, ist zu einfach. Es geht auch darum, den unbestreitbaren Einfluss des großen Geldes auf allen Ebenen der Partei einzudämmen, damit KP-Funktionäre und Beamte nicht mehr ganz selbstverständlich gekauft werden können. Außerdem soll mit dem Kampf gegen die Korruption der Einfluss mächtiger Interessengruppen in der KP, in der Administration und in Staats- und Privatwirtschaft aufgebrochen werden. Diese waren bislang bestens gefahren mit Chinas bisherigem Wachstumsmodell auf Basis billiger Arbeitskräfte und billigen Kapitals. Die aktuell verfolgte Politik der wirtschaftlichen Konsolidierung mit einem Fokus auf qualitatives Wachstum und Innovationen kombiniert mit einer Gesellschaftspolitik, die den Abbau der Ungleichheit anstrebt, bedroht die Pfründe dieser Interessensgruppen. So interpretieren jedenfalls chinesische Sozialwissenschaftler die Ziele der Anti-Korruptionskampagne (Financial Times, 2.7.2018).

Auf dem Spiel stand und steht die Legitimation der Herrschaft der KP. »Regierung, Militär, Gesellschaft und Schulen – Nord, Süd, Ost und West –, die Partei hat überall die Führung.« Die Partei begründet diesen Führungsanspruch in erster Linie mit nationalen, aber nicht mit sozialpolitischen Zielen: mit dem weiteren Aufstieg Chinas zur führenden Wirtschafts- und Industriemacht und zu einer politischen Führungsmacht in der Welt.

Im Inneren hat die Partei unter Xi Jinping ihren Führungsanspruch in den letzten Jahren erheblich ausgeweitet. Die zeitweilig diskutierte und entwickelte Arbeits- und Rollenteilung zwischen Partei und Staat ist praktisch nicht mehr existent. Korruptionsverfahren werden von Parteiorganen betrieben und landen nur in seltenen Fällen vor Gerichten. Einerseits hat sich das Rechtssystem für Zivilklagen und Verwaltungsfragen grundlegend professionalisiert, doch die noch vor zehn Jahren angestrebte Unabhängigkeit der Gerichte steht infrage. Zahlreiche Anwälte, die sich auf die Vertretung von Arbeitnehmern spezialisiert hatten oder Dissidenten verteidigten, sind hinter Gittern.

Die oft geäußerte Rechtfertigung für diese Politik: Am besten geht es China unter starker zentraler Führung, mit einem starken Führer und einer einheitlichen Ideologie.

Die Stabilität des Systems kann nur den verwundern, der die aktuelle Entwicklung Chinas nicht zur Kenntnis genommen hat. Gesellschaftlich steht die Dominanz der KP – mit über 90 Millionen Mitgliedern ist jeder 16. Chinese KP-Mitglied – derzeit nicht infrage. Ihre Legitimität bezieht die KP nicht nur aus der erfolgreichen Überwindung des chinesischen Traumas von 100 Jahren Niedergang und Demütigung durch Kolonialmächte etc., sondern ebenso aus der Kompetenz, Chinas wirtschaftlichen Aufstieg aus Armut zur wirtschaftlichen Weltmacht geschafft zu haben. Dabei hat die KP immer wieder eine Anpassungsfähigkeit und einen Pragmatismus bewiesen, der alle Behauptungen widerlegt hat, dass sich ein Ein-Parteien-System nicht korrigieren, nicht anpassen könne, zwangsläufig rigide und politisch verschlossen sei.

Denn: Die Partei repräsentiert Chinas soziale Schichten vom Großunternehmer bis zum armen Bauern und damit auch die gesellschaftlich relevanten politischen Strömungen vom Neoliberalismus bis zum Kommunismus. Sie ist sozusagen die Volkspartei für den Aufstieg und die Modernisierung des Landes und gleichzeitig eine Schleuse in die Machtelite. Die gesellschaftliche Funktion der Partei besteht darin, den gesellschaftlichen Wandel zu steuern und auf allen Ebenen der Gesellschaft immer wieder den Ausgleich zwischen widersprüchlichen Positionen und Interessen herzustellen. Das gilt auch für die manifesten Widersprüche zwischen der Zentrale, die z.B. gegen den Bau weiterer Stahlwerke und Kohlekraftwerke vorgeht, und den Provinz- und Lokalregierungen, deren Hauptaugenmerk die wirtschaftliche Entwicklung und die Arbeitsplätze in der Region sind.

Ein ständiger Ausgleich ist auch zwischen den unterschiedlichen Rollen des Staates als Eigner der Staatskonzerne, als Regulator und als Marktteilnehmer nötig. Diese Konsensfindung wird offenbar immer wieder neu auf allen Ebenen versucht. Die Kennzeichnung der jetzigen Führung der KP als Diktatur von oben entspricht nicht den Realitäten in China und erfasst nicht die komplexen Aushandlungsprozesse zur Steuerung des Riesenlandes. In den chinesischen Provinzen, von denen einzelne mehr Einwohner haben als ganz Deutschland, sowie in den Präfekturen und Kreisen werden die Vorgaben der KP und der Organe der Zentralregierung oft sehr unterschiedlich umgesetzt. Sie werden angepasst an die jeweiligen regionalen oder lokalen Bedingungen, fragmentiert in einer Kombination zentraler und dezentraler Macht. So werden Chinas Staatskonzerne, von denen etwa 100 direkt einer Holding der Zentralregierung unterstehen, während andere Staatskonzerne einzelnen Provinzen gehören, ganz unterschiedlich geführt. Der staatseigene Chemieriese ChemChina, Hauptaktionär auch bei Pirelli und der Münchener KraussMaffei Group, gilt in den Wirtschaftsmedien im Westen als Beispiel für einen »unternehmerischen« Staatskonzern.

Nach den Besonderheiten der Wirtschaftsstruktur, der sozialen Differenzierung der Beschäftigten und vor dem Hintergrund lokaler Arbeitskonflikte setzen auch die regionalen Gewerkschaften unterschiedliche Schwerpunkte in ihrer Arbeit. Es gibt nicht *den einen* KP-Funktionär, *den einen* Staatskonzern oder *die eine* Gewerkschaft (Gewerkschaften sind in China Institutionen des Staates). Die Arbeitsbeziehungen in Fabriken und Büros werden deswegen manchmal auch als »desorganisierter Despotismus« bezeichnet.

Die Auswahlprozesse des Führungspersonals der KP sind nach vielen Untersuchungen streng leistungsorientiert oder meritokratisch – sozusagen nach der klassischen chinesischen Tradition der Beamtenauswahl. Sie sind nicht das Werk von Gangs und Seilschaften. Politikwissenschaftler sprechen bei der KP von einem modernen Modell der Verschmelzung imperialer Traditionen mit einer streng leistungsorientierten Bürokratie. Der Shanghaier Unternehmer Eric X. Li erläuterte den Auswahlprozess in seiner Präsentation auf TEDGlobal 2013: »Nur ein Fünftel der Mitglieder des Politbüros der KP haben einen privilegierten Hintergrund, und im ZK mit über 300 Mitgliedern ist der Prozentsatz noch kleiner. Dafür sorgt eine im Westen kaum bekannte Organisation: die Organisationsabteilung der Partei, die die Kandidaten durch integrierte Karrierelaufbahnen für Beamte steuert. Sie rekrutiert Hochschulabsolventen für Eingangspositionen und fördert sie dann durch die verschiedenen Ebenen bis in Führungspositionen – ein Prozess, der drei Jahrzehnte dauern kann. Patronage spielt zwar eine Rolle, aber Leistung ist die eigentliche Triebkraft.«

Beamte und KP-Funktionäre auf lokaler Ebene haben einen großen Anreiz, die wirtschaftliche Entwicklung zu fördern. Sie konkurrieren untereinander um Investoren und Unternehmen, was höhere Steuereinnahmen und für sie persönlich eine Beförderung bringt. Die Karriere von Xi Jinping ist dafür ein Beispiel: Er hat zwar einen berühmten Vater, der zum Führungskreis der chinesischen Revolutionäre gehörte. Aber seine Befähigung als Manager und für Führungspositionen musste er selbst unter Beweis stellen, zunächst als Parteisekretär in einem Kreis in der Provinz Fujian, wo er zum Aufstieg des heute weltgrößten Batterieherstellers CATL beitrug, später als Provinzchef der reichen ostchinesischen Provinz Zhejiang, einer Zentrale des privaten Unternehmertums.

Der KP wird im Westen manchmal unterstellt, dass ihre Parteispitze nicht mehr von Experten und Technokraten dominiert werde, sondern in die Hände von Bürokraten gefallen sei, die von Wirtschaft, Unternehmertum und Innovation nichts verstünden. Die Biografien der Mitglieder des Politbüros, wie auch das Beispiel von Xi Jinping zeigt, geben aber keinen Anhaltspunkt dafür. Das Thema Innovation steht weiter ganz oben auf der Agenda.

Die Systemfrage

Das Ein-Parteien-System, die Führung durch die KP und damit die Bündelung aller gesellschaftlichen Kräfte sei das wichtigste Merkmal und der größte Vorteil des Sozialismus mit chinesischer Prägung. Diese Botschaft zieht sich in den letzten Jahren durch die Verlautbarungen der KP. Die wirtschaftliche und gesellschaftliche Entwicklung in den letzten 40 Jahren wertet die KP als Beweis für den Erfolg eines gemischtwirtschaftlichen Systems, das die Vorteile der

Märkte mit einer starken staatlichen Regulierung und Steuerung kombiniert. Die Frage ist, welche Entwicklungsziele dieses Projekt hat.

Zweifellos ist es in erster Linie ein nationales Projekt. Die Legitimation der Führungsrolle der KP durch den erfolgreichen Wiederaufstieg der chinesischen Nation war das zentrale Thema des Parteitags 2017: »Für eine Partei, die für das ewige Wohlergehen der chinesischen Nation kämpft, leitet das hundertjährige Jubiläum nur die Blütezeit des Lebens ein. Die KP Chinas ist die größte politische Partei der Welt, und sie muss sich diesem Status entsprechend verhalten.« (Xi Jinping in seiner Rede auf dem Parteitag 2017).

Schon 2012 hatte die Partei das Ziel formuliert, Chinas Wirtschaftsleistung bis 2020 gegenüber 2010 zu verdoppeln. Wie weit der wirtschaftliche Einbruch durch die Corona-Pandemie dieses ehrgeizige Ziel konterkariert hat, werden wir 2021 wissen. Bis 2035 soll sich das Land zu einer modernen Wirtschaft und Gesellschaft entwickeln. Bis 2050 – also hundert Jahre nach Gründung der Volksrepublik – will es »eine globale Führungsmacht mit nationaler Stärke und internationalem Einfluss sein«.

Der Fokus auf die Entwicklung des Landes ist vergleichbar mit dem Entwicklungsmodell der sogenannten Tigerstaaten in Ost- und Südostasien, z.B. Südkorea. Aber auch Japans Aufstieg weist Parallelen auf. Als unter Deng Xiaoping die KP Ende der 1970er Jahre mit den marktwirtschaftlichen Reformen begann, wurden in der chinesischen Öffentlichkeit die Erfolge der Tigerstaaten lebhaft diskutiert. Aber Chinas Entwicklungsweg weist wesentliche Unterschiede zu diesen Staaten auf: einen stabilen Anteil des öffentlichen Eigentums an den Produktionsmitteln und die ausgeprägte Rolle der Partei, die als Entwicklungsagentur mit infrastruktureller Macht fungiert (Heberer/Müller 2020).

Gleichzeitig verfolgt die KP mit der Bündelung der gesellschaftlichen Ressourcen das soziale Projekt, nicht nur die absolute Armut in China auszurotten. Die Partei will die sozialen Ungleichheiten verringern. Dazu gehören vor allem die krassen Unterschiede zwischen Stadt und Land und das nach wie vor mangelhafte soziale Netz. Die KP will die »unausgewogene und inadäquate Entwicklung« angehen und für die Erfüllung der »ständig wachsenden Bedürfnisse der Menschen für ein besseres Leben« sorgen, so die Erklärungen auf dem Parteikongress 2017.[1] Die in den letzten Jahrzehnten extrem gestiegene gesellschaftliche Ungleichheit, nach den Worten von KP-Vertretern zwangsläufiges Ergebnis einer Entwicklungsphase, in der die wirtschaftliche Effizienz Priorität vor der gesellschaftlichen Gleichheit hatte, soll nun angegangen werden. Bis 2050 sollen alle Chinesen in bescheidenem Wohlstand leben.

---

[1] Unter www.xinhuanet.com//english/2017-10/24/c_136702625.htm findet sich z.B. die Resolution zum Bericht des ZK der KP.

Abb. 8: Anteil des privaten Konsums an der Wirtschaftsleistung
(Anteil am BIP in %)

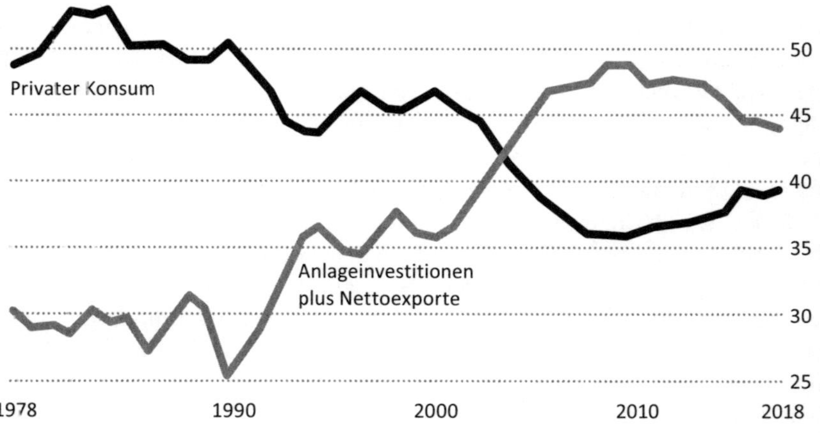

Quelle: Financial Times, 20.6.2020, nach Daten des China National Bureau of Statistics

Für dieses soziale Projekt muss aber die Macht des Geldes, die Macht der chinesischen Eliten gebrochen werden. Die KP muss für mehr Umverteilung von oben nach unten sorgen und die sozialen Sicherungssysteme wesentlich ausbauen. Zudem muss die Partei in das Wirken der Marktkräfte eingreifen, damit nicht wie im Westen ein finanzgetriebener Kapitalismus zwangsläufig die Akkumulation dominiert.

Für den Ökonomen Michael Pettis, der an der Peking-Universität unterrichtet, hat China schon seit Langem das Problem einer unzureichenden privaten Nachfrage (Klein/Pettis 2020). Das ist durch die Corona-Pandemie nur noch schlimmer geworden. Seit zwei Jahrzehnten hat das Land eine extrem unausgewogene Volkswirtschaft. Die Privathaushalte bekommen weit weniger als die Hälfte von der gesamten Wirtschaftsleistung ab (siehe Abb. 8). Der Rest geht an den Staat, also an die Lokal- und Zentralregierungen, an Unternehmen und an die Reichen und Superreichen. Die geben aber nicht aus, was sie akkumuliert haben.

Chinas wirtschaftlicher Erfolg war bislang auch eine extreme Version eines Entwicklungsmodells, das auf hohen privaten Ersparnissen basiert, verbunden mit der Ausnutzung von Handelsopportunitäten und günstigen Umständen auf dem Weltmarkt. Seit den frühen 1990er Jahren und besonders seit 2000 ist der Anteil des privaten Verbrauchs an der Wirtschaftsleistung dramatisch zurückgegangen. 2018 konsumierten die Chinesen weniger als 40% der chinesischen Wirtschaftsleistung, weit weniger als in jedem anderen Land. Das lag an vielen Faktoren: hohe private Ersparnisse aufgrund eines unzureichenden sozialen Netzes; niedrige Sparzinsen; rechtlose Wanderarbeiter; eine regressive Besteuerung; und Staatskonzerne, die kaum oder keine Dividenden zahlen.

Im historischen Vergleich hat China weltweit eine der niedrigsten Quoten des privaten Konsums. Typischerweise ist der private Konsum die größte Komponente der gesamten Nachfrage in einer großen Volkswirtschaft. Aber in China sorgt er nur für einen geringen Teil der Nachfrage. Das wirkt sich volkswirtschaftlich negativ auf das Wachstum und auf die Investitionen der Privatwirtschaft aus, die entweder in die Exportindustrien oder aber in Produkte und Dienstleistungen für den privaten Verbrauch fließen. Aufgrund des Zurückbleibens des privaten Konsums, aufgrund der Unterkonsumption kann die Volksrepublik in den nächsten Jahren nicht das gesellschaftlich nötige Wachstum von 4-6% erreichen.

In der gegenwärtigen Situation kann China dieses Wachstumsziel nur durch weitere schuldengetriebene staatliche Infrastruktur-Investitionen oder den Immobiliensektor erreichen, zum Preis von Kapitalvernichtung und vielen Investitionsruinen. Denn schon jetzt steht laut Pettis in den Städten fast jedes vierte Apartment leer.

Die Partei muss also für eine politisch schwierige, aber notwendige Umverteilung des gesellschaftlichen Reichtums von lokalen Regierungen und Eliten zu den einfachen Haushalten sorgen. Riesige Transfers von den Eliten zur Masse der Bevölkerung sind nötig. Dafür müssen Vermögen und hohe Einkommen endlich angemessen besteuert werden. Arbeitsmigranten brauchen gleiche Rechte und Sozialleistungen wie die Stadtbewohner »erster Klasse«. Die Corona-Krise hat gezeigt, dass China von einem umfassenden sozialen Netz noch weit entfernt ist.

Bislang haben sich Chinas Eliten gegen solche Programme erfolgreich gewehrt. Solange das so bleibt, wird die Regierung allerdings die Rolle der Märkte nicht ausweiten können. Bis dahin können nur mehr Staat und mehr Schulden weiter hohe Wachstumsraten garantieren.

Es ist offen, ob China in seiner Entwicklung mit den skizzierten Schwerpunkten eine dauerhafte Alternative zum neoliberalen, finanzgetriebenen Kapitalismus definieren kann, die das Wirken des Wertgesetzes durchbricht und die gesellschaftlichen Ungleichheiten abbaut.

Kapitel 4
Digitale Neuauflage des konfuzianischen Erziehungsstaates

Schon bei der Ankunft an Chinas Flughäfen wird der Besucher überrascht von den Techno-Gimmicks, die der digitalen Kontrolle dienen: Der Einreisende muss Pass und Visum einscannen und anschließend seine Fingerabdrücke abliefern. Natürlich wird auch das Gesicht gescannt und automatisch mit dem Foto im Pass abgeglichen. In vielen Hotels im Land wiederholt sich die Prozedur. Willkommen im Zukunftsreich der digitalen Überwachung! China ist führend beim Einsatz digitaler Werkzeuge für die gesellschaftliche Kontrolle.

Aber China ist nicht nur Vorreiter bei der digitalen Kontrolle. Vermutlich ist in kaum einem anderen Land die Digitalisierung des gesellschaftlichen Lebens so weit fortgeschritten. Chinas erfolgreiche Bekämpfung der Corona-Pandemie u.a. mit dem Einsatz digitaler Tools hat das wieder demonstriert. Nirgendwo sonst auf der Welt hat sich das Einkaufen im Netz so schnell und so weit verbreitet. 40% aller E-Commerce-Transaktionen weltweit entfallen auf China. Das Bezahlen mit dem Smartphone ist seit Jahren Standard.

Dabei haben Chinas Staatsbürger (ethnische Uiguren wahrscheinlich ausgenommen) persönliche Freiheiten, die vor einer Generation noch unvorstellbar waren. Sie können Geschäfte machen und Unternehmen gründen, hunderte Millionen reisten in den letzten Jahren ins Ausland. Die Partei hat sich aus der Kontrolle des Privatlebens zurückgezogen, clevere Technokraten und auch Unternehmer, aber nicht mehr sture Apparatschiks verkörpern das Gesicht der KP. Auch die Ein-Kind-Politik, die seit Maos Zeiten für Han-Chinesen, aber nicht für die Angehörigen anderer Ethnien galt, ist inzwischen abgeschafft.

Ein Baustein der digitalen Kontrolle der Gesellschaft ist die allgegenwärtige Videoüberwachung, verbunden mit Programmen und Algorithmen zur Gesichtserkennung. Mittels Gesichtserkennung statt mit einem Dokument oder einer PIN-Nummer kann sich eine Person verifizieren und so zum Beispiel auf das eigene Smartphone zugreifen. Das ist eine inzwischen weltweit genutzte Technologie.

China ist Vorreiter bei der leistungsfähigen Videoüberwachung zur digitalen Identifikation. Wenn jemand bei Rotlicht über die Straße geht oder wenn Corona-Infizierte gegen die auferlegte Quarantäne verstoßen, können sie von einer der zig Millionen Überwachungskameras identifiziert werden. Auch gesuchte Straftäter können per Gesichtserkennung in einer großen Menschenmenge aufgespürt werden.

Damit das funktioniert, braucht es riesige Datenbanken mit den Gesichtern von Milliarden Menschen, sich selbst optimierende Programme zur Mustererkennung und außerdem leistungsfähige Computer und schnelle Datenverbindungen. Experimentiert wird bereits mit Algorithmen, die den Gesichtsausdruck von Personen auswerten und auf dieser Basis Aussagen etwa über das Engagement von Schülern und Studenten im Unterricht treffen. Solche Algorithmen, die in der Lage sind, Emotionen aufzuzeichnen und zu deuten, sollen auch im öffentlichen Raum helfen, Straftaten zu verhindern.

Ein anderer Baustein der digitalen Kontrolle ist die zunehmend verfeinerte Kontrolle und Zensur der sozialen Medien und des Internet-Verkehrs. Chinas »Great Firewall« versperrt den fast 900 Millionen chinesischen Internet-Nutzern den direkten Zugriff auf viele westliche Informationsangebote und auf alle Google-Programme und Facebook-Apps. Diese Internet-Zensur kann aber mit VPN-Programmen einfach umgangen werden.

Aber was will der chinesische Staat mit den riesigen Datenschätzen über Bürger, Organisationen, Verwaltungen und Unternehmen, die bislang in separaten, nicht miteinander verknüpften Datenbanken der verschiedensten Behörden gespeichert sind? Die bahnbrechende Idee ist, die Daten aus den unterschiedlichsten Datenquellen zusammenzuführen und auf dieser Basis ein digitales Punktesystem zu entwickeln, das sogenannte Sozialkreditsystem. Es soll durch Belohnung und Bestrafung eine effektivere gesellschaftliche Steuerung in dem Riesenland ermöglichen. Dahinter steht eine erzieherische, paternalistische Vorstellung vom Verhältnis des Staates zu seinen Bürgern.

Ein Punktesystem, das verschiedene Datenbanken mit Wirtschafts- und Unternehmensdaten verknüpft, gilt bereits für Organisationen und Unternehmen, ob Staats- oder Privatbetriebe oder ausländische Firmen. Auch Solo-Selbständige sind davon betroffen. Aber ob das Sozialkreditsystem jemals flächendeckend auch auf alle chinesischen Bürger ausgedehnt wird, ist nach den ernüchternden Erfahrungen mit verschiedenen Pilotversuchen und nach der massiven öffentlichen Kritik in Chinas Zeitungen und in den sozialen Medien eine andere Frage.

Nach dem bislang nur in den Pilotversuchen getesteten Konzept gibt es Pluspunkte oder Punktabzüge für ein bestimmtes gesellschaftliches Verhalten. In die Bewertung gehen Einträge aus den offiziellen Datenbanken ein wie etwa Verstöße gegen Verkehrsregeln, freiwillige Arbeit im Einwohnerkomitee oder Gerichtseinträge. Nach den offiziellen Dokumenten soll das Sozialkreditsystem »den Vertrauenswürdigen ermöglichen, sich überall unter dem Himmel frei zu bewegen, während die Unzuverlässigen kaum einen einzigen Schritt machen können«. (Economist, 17.12.2016) Dieses Schicksal traf im Frühjahr 2020 einen chinesischen Milliardär, wie die Financial Times (25.5.2020) und andere internationale Medien berichteten: Er steht auf der schwarzen Liste des Obersten

Gerichtshofs, weil er als säumiger Schuldner rechtskräftig verurteilt ist und nicht gezahlt hat. Ihm ist seitdem z.B. Fliegen in der ersten Klasse untersagt. Aber er verfügt natürlich weiter über seine Luxusautos, während »normale« Chinesen von solchen Sanktionen ganz anders getroffen sind.

Wer besonders viele Regeln, Normen und gesetzliche Bestimmungen verletzt, kann also heute schon auf einer »schwarzen Liste« landen, was je nach Sachverhalt und Schwere der Verfehlungen zum Ausschluss von Krediten, Tickets für Flüge und Bahnfahrten, Auslandsreisen etc. führen kann. Wer Schulden, Bußgelder, Strafmandate oder Gerichtskosten nicht begleicht, Zahlungsrückstände hat, Drogen konsumiert oder vertreibt, sich nicht an Gesetze hält oder gesetzlichen Verpflichtungen nicht nachkommt, muss mit Sanktionen rechnen. Das müssen auch Unternehmen befürchten, die betrügen, den Wettbewerb verzerren, minderwertige Produkte in Umlauf bringen oder gegen Arbeitsgesetze verstoßen. Ebenso sind Steuerhinterzieher oder Delinquenten anderer strafrechtlicher Tatbestände hiervon betroffen.

In einem Anfang 2019 veröffentlichten offiziellen Regierungsbericht heißt es u.a., dass 2018 in 17,46 Millionen Fällen der Verkauf von Flugtickets, in 5,4 Millionen Fällen der von Bahntickets für Hochgeschwindigkeitszüge verweigert worden sei. Nicht nur Einzelpersonen, sondern auch Betriebe sowie Staatsbeamte wurden bestraft. So durften über drei Millionen Unternehmen keine Aktien mehr ausgeben bzw. sich nicht an öffentlichen Ausschreibungen beteiligen. Ihnen wurden Gewerbescheine und Geschäftslizenzen entzogen, sie wurden von Versicherungen ausgeschlossen und konnten keine Wertpapiere oder Immobilien kaufen. Reisepässe wurden nicht ausgestellt. Entsteht in China ein hochmoderner, weltweit bislang einzigartiger Überwachungsstaat, der sich zur sozialen Kontrolle der Gesellschaft der neuesten Technologien von Big Data, Künstlicher Intelligenz und Gesichtserkennung bedient? Wie weit gehen diese Projekte, und was sagen die Chinesen dazu?

Für die Kritiker im Westen ist das eine ganz neue Form einer totalitären Diktatur, Orwells 1984 wird Realität. So auch Kai Strittmatter, Journalist der Süddeutschen Zeitung und Buchautor: »China probiert gerade etwas komplett Neues. Eine Gesellschaft, wie sie die Welt noch nie gesehen hat. Eine Diktatur, die sich digital neu erfindet. Die den Menschen bis in den letzten Winkel seines Gehirns durchleuchtet. Mithilfe von Big Data. Und ihn dann bewertet, nach Wohlverhalten, mithilfe von Computerprogrammen, in jedem Augenblick seines Daseins. Ein jeder Bürger erhält einen Bewertungsstempel aufgedrückt, der seine neue Identität wird, der letztlich über seine Teilhabe am Alltagsleben und über seinen Zugang zu gesellschaftlichen Ressourcen entscheidet.« (Süddeutsche Zeitung, 28.7.2019)

Macht die Datenrevolution aus Chinas Parteistaat eine totalitäre Techno-Diktatur? Entsteht in China ein hybrides Gesellschaftssystem, bei dem eine rigide, alle Lebensbereiche und auch das Privatleben umfassende Kontrolle koexistiert mit der Flexibilität des freien Marktes? Nutzt der autoritäre chinesische Staat die digitale Revolution, um systemische Nachteile autoritärer Systeme zu überwinden? Bislang hatten alle chinesischen Dynastien mit dem Grundproblem der Machtdynamik in einem autoritären Zentralstaat zu kämpfen: Mit der Entfernung vom Kaiserhof verflüchtigte sich die zentrale Autorität durch die Interessen der lokalen Administration und die lokale Korruption nach der Devise, dass Peking weit weg ist und die Berge hoch sind.

Das könnte künftig anders werden. Aus Big Data und Künstlicher Intelligenz, kombiniert mit zentraler Planung, könnte in dem bevölkerungsreichsten Land des Globus eine neue Art Staatswesen entstehen, in dem lokale Beamte und Kader nicht mehr nach Gusto schalten und Unternehmen beliebig gegen Gesetze verstoßen können. Aber Szenarien, die eine allumfassende digitale Kontrolle des Lebens aller Chinesen imaginieren, gehen an den Realitäten in China und an den gesellschaftlichen Bedürfnissen hinter diesen Projekten vorbei. Solche Szenarien unterschätzen auch die Kritikfähigkeit und den Widerstandsgeist der chinesischen Öffentlichkeit, wie im Folgenden gezeigt wird.

Führend im Zukunftsmarkt Gesichtserkennung

Die flächendeckende Überwachung des öffentlichen Raums durch Videokameras ist auch in den westlichen Ländern, z.B. in Großbritannien, immer mehr verbreitet. Aber China ist Weltspitze bei der Zahl der Videokameras – 626 Millionen Kameras sollen es 2020 sein – und vermutlich auch bei der Verknüpfung der Bild- und Videodaten mit intelligenten Auswertungsprogrammen.

In der High School No. 11 in Hangzhou in der reichen ostchinesischen Provinz Zhejiang kontrolliert ein Überwachungssystem mit Gesichtserkennung und Künstlicher Intelligenz über 1.000 Schüler. Erfasst und ausgewertet wird nicht nur, wer den Unterricht versäumt und z.B. in der Kantine sitzt. Es geht, wie bereits angedeutet wurde, auch um Gesichtsausdrücke der Schüler, die Auskunft über ihr Engagement geben und Prognosen über die künftige Leistung der Schüler erlauben.

Bis 2020 sollte in China landesweit ein Video-Überwachungsnetz installiert sein, das nach einem offiziellen Dokument des Staatsrates von 2015 »allgegenwärtig, voll vernetzt, ständig funktionierend und voll kontrollierbar ist«. Das Projekt hat den schönen Namen »Scharfe Augen«. Die Bezeichnung ist eine Referenz an das schon unter den Kaisern der Song-Dynastie um 1100 aufgebaute Netz von freiwilligen Informanten, damals eine Art kommunale Basis-Polizei. Die KP hat nach 1949 dieses System in den Dörfern und Stadtvierteln effektiv weiterentwickelt. Nach Staatsmedien soll es heute allein in Beijing

Abb. 9: Videokameras im öffentlichen Raum
pro 1.000 Einwohner (2020)

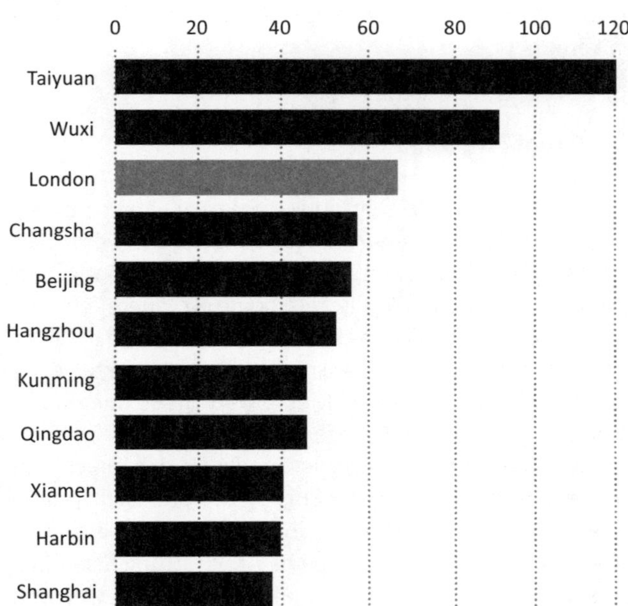

Quelle: Financial Times, 7.10.2020

850.000 solcher Informanten geben. Denn Technologie ist nicht alles, sie ergänzt, das ist die Devise der Regierung. Als mächtigstes Werkzeug der sozialen Kontrolle reicht immer noch das Gefühl aus, überall beobachtet zu werden.

Dennoch wird unbeirrt an der Verbesserung der Gesichtserkennungstechnologie gearbeitet. Die chinesischen Behörden rühmen sich beispielsweise, durch die Face++-Software der Pekinger Firma Megvii mehrere mit Haftbefehl gesuchte Personen auf Überwachungsvideos von einem Popkonzert in Ostchina gefunden zu haben – automatisch, ohne dass tausende Polizisten hunderte Stunden Videos scannen mussten. Die Algorithmen der Software können Netze mit bis zu 100.000 Videokameras gleichzeitig auswerten. Megvii macht 40% des Umsatzes mit Staatsorganen, den Rest mit Fintech-Unternehmen, die Finanztransaktionen per Gesichtserkennung verifizieren lassen.

Andere Firmen liefern smarte Brillen mit eingebauter Gesichtserkennung für die Überwachung, aber auch z.B. für die Kontrolle in Fabrikhallen. Für die Venture-Kapitalisten aus den USA, die Software-Startups nicht nur im Silicon Valley, sondern auch in Peking mit vielen Millionen Dollar überschütten, ist Gesichtserkennung inzwischen Kinderkram: Der neueste Trend ist Software, die Personen anhand ihres Gangs identifiziert. So die Software der Pekinger Firma Hanwang Technology, die auf die riesige Datenbasis z.B. von Videos aus Chinas Gefängnissen zugreifen und Personen angeblich präzise anhand ihres Ganges identifizieren kann.

Zensur im Netz: The Great Firewall

Die im Westen gängigen Internet-Plattformen von Google, Facebook etc. sind in China in der Regel gesperrt. Für nicht-informierte Touristen und Geschäftsreisende ist das eine frustrierende Erfahrung und ausgesprochen lästig, weil sie, im Land angekommen, nicht auf ihre Mails bei Google etc. zugreifen oder Posts für ihre Facebook-Freunde hinterlassen können. Aber wie so oft in China, gibt es nach eigenen Erfahrungen auch stets Ausnahmen von der Regel: etwa in Guangzhou, immer wenn eine internationale Messe stattfindet, oder in Chinas digitaler Metropole Shenzhen an der Grenze zu Hongkong.

Die Sperrung der Plattformen der US-Konzerne Google & Co. hat nicht nur politische Gründe, etwa damit den Bürgern der Zugang zu potenziell systemkritischen Informationen im Netz verwehrt bleibt. In erster Linie stehen dahinter wirtschaftliche Interessen: Durch die erfolgreiche Abschottung der chinesischen Internet-Welt sind gegenüber den US-Technologiegiganten weltweit ernsthafte Rivalen entstanden, vor allem das BAT abgekürzte Trio aus Baidu (Suchmaschine, Karten), Alibaba (E-Commerce und Banking) und Tencent (soziale Medien, WeChat, das WhatsApp in China den Rang abläuft).

In den Frühzeiten des Internets waren die Hoffnungen insbesondere der Libertären groß, das Internet werde zu einem neuen Reich der Freiheit führen und auf der ganzen Welt autoritäre Systeme unter Druck setzen und untergraben. US-Präsident Bill Clinton verglich im Jahr 2000 die Versuche der chinesischen Regierung, das Netz zu kontrollieren, mit dem Versuch, einen Pudding an die Wand zu nageln. Aber die Hoffnung, die Informationsflut im Netz würde staatliche Netzüberwachung immer schwerer machen, hat sich nicht erfüllt. China zeigt das Gegenteil. Die technischen Möglichkeiten für Regierungen, das Netz im Inneren eines Landes zu kontrollieren und gleichzeitig im Ausland Netzattacken zu starten, sind enorm gewachsen.

Die Volksrepublik hat von den Technologiekonzernen im Westen gelernt, z.B. von Cisco aus den USA: Die von Cisco entwickelten Filter für den Internet-Traffic, mit dem Unternehmen das Netz-Surfen ihrer Mitarbeiter kontrollieren, wurden von den chinesischen Zensoren optimiert. Jetzt hat China ein ausgefeiltes Internet-Überwachungssystem aufgebaut, das sogar exportiert wird. Das Land half u.a. Russland und Uganda beim Ausbau der Netzkontrollen. Nebenbei zeigt die Geschichte der US-Technologiefirmen in China, dass diese Firmen keine Freiheitshelden sind. Ihre Profitinteressen hatten in China immer Vorrang vor dem Schutz der Privatsphäre der Benutzer. Cisco hat seit 1990 in China Überwachungs-Software verkauft. Yahoo händigte Mail-Daten aus, die zur Verhaftung eines Journalisten führten. Und Microsoft löschte 2005 den Blog eines berühmten Dissidenten.

Zur chinesischen Vision von Cyber-Souveränität gehört das »walled internet«, ein kontrolliertes Internet innerhalb nationaler Grenzen. Es geht der Regierung nicht nur um ihr Informationsmonopol, sondern um das Netz als Plattform, um sich mit anderen zu organisieren. So ist in China Kritik an der Luftverschmutzung oder an Politikern, die in Ungnade gefallen sind, geduldet. Aber die Videoplattform »neihan duanzi« wurde 2018 geschlossen, weil sie so populär war, dass sich ihre Fans nicht mehr nur virtuell, sondern auch in Massen in physischer Anwesenheit trafen.

Technisch können die von den chinesischen Providern installierten Internetfilter mit einem VPN-Programm überlistet werden. Internationale Firmen in China und Diplomaten nutzen diese Dienste ganz legal zur Kommunikation mit ihren Firmenzentralen und Hauptstädten. Privatpersonen haben aber immer mehr Probleme, chinesische VPN-Programme (oder die Subskriptionen dafür) zu bekommen oder ausländische VPN-Anbieter zu buchen. Apple hat in seinem weltgrößten Markt über 600 VPN-Produkte aus seinem chinesischen App-Store verbannt. Mehrere chinesische Händler, die im Netz VPN-Software verkauften, wurden zu Gefängnisstrafen verurteilt.

Kritische Apps gegen Regierungspropaganda

Dass die digitalen Kontroll- und Steuerungsmethoden des Parteistaats mit den gleichen Mitteln immer wieder wirksam konterkariert werden, zeigt der Auszug aus einem Polizei-Transkript, das in Chinas sozialen Medien zirkulierte und wovon die Financial Times (30.3.2019) berichtete: »Sind Sie sich bewusst, dass Sie von der Polizei des Kreises Rudong verhaftet worden sind aufgrund des Verdachts einer Straftat?« »Ja.« »Wissen Sie den Grund für Ihre Verhaftung?« »Ja. Weil ich Software geschrieben habe, mit der App-Nutzer Punkte machen können bei der App ›Study Xi Strong Nation‹ ...«

Speziell seit dem Machtantritt Xi Jinpings 2012 versucht die KP, mit PR und Erziehungskampagnen die gesellschaftliche Diskussion zu beeinflussen, u.a. mit einer 2019 gestarteten App des Propagandaministeriums. Bei dieser können die Nutzer Punkte machen, wenn sie durch Artikel der Staatsmedien über Staatspräsident und Parteichef Xi Jinping scrollen und anschließend Testfragen zu seinen Aussagen und Weisheiten richtig beantworten. Für die über 90 Millionen Parteimitglieder und Staatsbeamte soll die Nutzung dieser App Pflicht sein. Im Februar 2019 verzeichnete die Propaganda-App in Chinas Apple-Store die meisten Downloads.

Schnell haben kreative Programmierer Apps entwickelt, die Artikel im Netz über Xi Jinping automatisch anklickten und damit Punkte für die zur regelmäßigen Nutzung der Propaganda-App verdonnerten Parteimitglieder sammelten. Die von der Polizei aufgespürte Entwicklerin hatte ihre App für 80 RMB im Netz verkauft.

Gegen die App des Propagandaministeriums wurde im Frühjahr 2019 auf der weltweit verbreiteten Entwicklerplattform GitHub mit weiteren ironisch-kritischen Anwendungen reagiert, z.B. mit der App »Fuck-YueXiQiangGuo«. YueXiQiangGuo ist die chinesische Kurzfassung des Mottos »Von Xi Jinping lernen und ein starkes Land aufbauen«. Die Plattform von Microsoft wird weltweit und auch von vielen chinesischen Firmen für die Software-Entwicklung genutzt. Auch GitHub könnte zwar von Chinas Telekom-und Internet-Providern blockiert werden, aber der wirtschaftliche Schaden für Chinas boomende Technologiebranche wäre zu groß. So werden auf GitHub auch gesellschaftliche und politische Themen diskutiert. In einem Forum äußerten Entwickler die Befürchtung, die App würde Chinas Zensoren herausfordern und alle würden nun noch größere Probleme bekommen. Ein chinesischer Entwickler aus den USA hielt dagegen: »Eure Selbstzensur ... hat zur heutigen Situation geführt.« Es sei wie mit Schafen im Schlachthaus: Als eines ein Loch in der Mauer zur Flucht nutzte, beklagte sich die Hälfte, das Sonnenlicht schade den Augen. Die anderen sagten: »Wenn wir fliehen, bekommen wir morgen nur die halbe Ration.« (Financial Times, 27.3.2019)

Benotung aller Chinesen?

Ende 2016 berichtete die britische Zeitschrift Economist erstmals unter der Überschrift »Creating a digital totalitarian state« über Chinas geplantes Sozialkreditsystem. Damit war das Thema im Westen angekommen. Wörtlich übersetzt heißt das Sozialkreditsystem eigentlich »System für gesellschaftliche Vertrauenswürdigkeit«.

Schon 2014 hatte der Staatsrat, Chinas Regierung, den Plan veröffentlicht, bis 2020 landesweit ein System der sozialen Kreditwürdigkeit aufzubauen. Das erklärte Ziel: »die Vertrauenswürdigen zu belohnen und die Unzuverlässigen zu disziplinieren ..., damit Integrität ein breit akzeptierter gesellschaftlicher Wert wird.« Nach dem Dokument sollten in dem System Individuen, aber auch Organisationen und Unternehmen auf der Basis von Daten über ihr wirtschaftliches und soziales Verhalten benotet werden. Nach dem Regierungsdokument habe »der Aufbau eines Systems der sozialen Kreditwürdigkeit hohe

Priorität für die Regierung ... Soziale Kreditwürdigkeit ist eine wichtige Komponente des Systems der gesellschaftlichen Administration«. Es solle fester Bestandteil der Verwaltung des Landes sein.

Mit dem System sollten Firmen getroffen werden, die betrügen und/oder unsichere Produkte herstellen. In der Gesellschaft solle damit das wechselseitige Vertrauen gestärkt und Vertrauensbruch bestraft werden. Soziale Kreditwürdigkeit sei »eine wichtige Basis für eine harmonische sozialistische Gesellschaft«. Das System solle auch »die Ausübung von Macht einschränken und kontrollieren« und die »Kanäle für die öffentliche Beteiligung an politischen Entscheidungen ausweiten«. (Economist, 17.12.2016)

Bis heute (Herbst 2020) existiert aber kein konsolidiertes zentrales System. Bislang gibt es nur schwarze Listen, die von unterschiedlichen Behörden geführt werden. Es zeichnet sich auf gesamtstaatlicher Ebene jedoch kein Benotungssystem ab, das jeden Bürger erfasst, schreibt eine in Shanghai arbeitende Juristin einer deutschen Anwaltskanzlei (China-Contact 9/10 2019).

Das ist auch das Ergebnis einer Analyse des US-Technologiemagazins »Wired« (Matsakis 2019). Die Zeitschrift kommt zu dem Ergebnis, dass das Sozialkreditsystem im Westen völlig missverstanden wird als Projekt einer totalitären Überwachung und Kontrolle aller Bürger. Davon könne keine Rede sein. Der Wissenschaftler Rogier Creemers von der Universität Leiden kritisiert die Schlampigkeit der gängigen westlichen Berichterstattung zu dem Thema (MERICS 2018): Staatliche Planungen und Pilotprojekte würden vermengt mit den Big-Data-Projekten der chinesischen Internet-Konzerne. Es werde zudem unterstellt, dass nach den Regierungsplänen alle Chinesen vom Sozialkreditsystem erfasst würden.

Viele Pilotprojekte, viel Kritik

Während die Idee eines Sozialkreditsystems für Unternehmen und Organisationen zur Stärkung des gesellschaftlichen Vertrauens hohe Zustimmung findet (Die Zeit, 15.1.2019), gibt es in China gegen einzelne staatliche Pilotprojekte, die alle Bürger erfassen sollen, und ebenso gegen das Datensammeln und die »Schufa«-Systeme der privaten digitalen Zahlungsplattformen massive Kritik.

Nach dem in China im Regierungshandeln üblichen pragmatischen Ansatz von »Versuch und Irrtum« wurde zunächst experimentiert. Über 30 Lokalregierungen hatten 2017 Projekte für ein System der sozialen Kreditwürdigkeit gestartet. Sie entwickelten dabei unterschiedliche Ansätze und Methoden zur Benotung von Personen und Organisationen und verfolgten damit auch unterschiedliche Ziele. In einem Kommentar verdammte Chinas offizielle englischsprachige Tageszeitung Global Times (2.11.2017) einen schon 2010 gestarteten Pilotversuch im Kreis Suining in der Provinz Jiangsu. Dort bekam jeder Einwohner auf Basis seines alltäglichen Verhaltens Punkte und wurde danach kategorisiert, von »A« für die besten bis »D« für die schlechtesten Einwohner. Punktabzüge gab es für Individuen, die kleinere Verkehrsdelikte begangen oder »sich illegalerweise mit Petitionen an höhere Staatsebenen gewandt hatten«. Gute Noten gab es für Personen oder Organisationen, die mit einer nationalen Auszeichnung prämiert wurden. Individuen mit den besten Noten konnten mit schnellerer Beförderung rechnen und damit, schneller eine öffentlich geförderte Wohnung zugeteilt zu bekommen.

Das Pilotprojekt in Suining musste jedoch gestoppt werden. Es gab einen öffentlichen Aufschrei, insbesondere, weil die Datenbasis für die Benotung lückenhaft war. China Youth Daily, die Jugendzeitung der Partei, kritisierte das praktizierte System: »Politische Daten« (wie etwa Petitionen) hätten in einem System der sozialen Kreditwürdigkeit nichts zu suchen. Außerdem sollten die Bürger die Staatsangestellten benoten, nicht umgekehrt die Administration die einzelnen Bürger. Die Zeitung Beijing Times verglich das Projekt mit den Zertifikaten für »gute Bürger«, die die japanischen Besatzer in China vor 1945 ausgegeben hatten. Seitdem gibt es eine öffentliche Diskussion, wie gesichert werden kann, dass die Bürger ihre Benotungen anfechten können. Versuche, mit dem System der sozialen Kreditwürdigkeit gleichzeitig den Regierungsebenen mehr Durchgriff zu verschaffen, stoßen also auf Widerstand in der Bevölkerung.

In den Regelungen der Stadt Shanghai geht es primär um soziales Vertrauen und Kredit- und Zahlungswürdigkeit. In den ländlichen Gebieten geht es hingegen oftmals auch um Unterstützung der sozial Schwachen: Kümmern um arme, kranke und betagte Familienangehörige oder Dorfbewohner, Vermeidung von Streit mit Nachbarn sowie Familienangehörigen, Spenden für Bedürftige, freiwillige Leistungen für die Gemeinschaft, Ordnung und Sauberkeit etc.

In der südwestchinesischen Provinz Guizhou mit 35 Millionen Einwohnern, seit 2019 die Pilotprovinz für das Sozialkreditsystem, stehen im Mittelpunkt der Datensammlung über Unternehmen: Steuerhinterziehung, Internetbetrug, Verbreitung von Fake News, Umweltkriminalität, Produktfälschung, Nichtzahlung der Löhne von Wanderarbeitern und von Rechnungen kleiner und mittlerer Privatunternehmen, Nichtumsetzung von Gerichtsbeschlüssen, Versicherungsbetrug, Missbrauch von Spendengeldern, betrügerische Finanztransaktionen bzw. irreführende Werbung sowie Verletzung der Umwelt- und Cyberspace-Gesetze. Der Vertrauensverlust zwischen Unternehmen und Kunden sowie Behörden und Bürgern wird hier als Grund für diesen Maßnahmenkatalog genannt. Das System dient also als Informationsservice für Behörden, Unternehmen und Bürger sowie als Kreditinformationsplattform.

Auch Chinas private Internet-Konzerne experimentieren mit Systemen der Prüfung der Kreditwürdigkeit. Das am meisten genutzte private »Schufa«-System ist Sesame Credit des Internet-Konzerns Alibaba. Das Unternehmen ist Chinas Online-Shopping-Riese, größer als Amazon. Zu Alibaba gehört auch das inzwischen international verbreitete mobile Zahlungssystem Alipay und die Online-Bank Ant Financial. Sesame Credit nutzt den riesigen Schatz der Kundendaten von Alibaba, Alipay und Ant Financial und berechnet mit eigenen Algorithmen die Kreditwürdigkeit. Kunden mit hohem Rating haben wie bei einem Bonusprogramm Zugang zu vielen Vergünstigungen anderer Alibaba-Geschäftszweige und von Alibaba-Partnern. Kunden mit schlechter Benotung bekommen keinen Kredit. Sesame Credit ist also nicht nur Finanzdienstleister, sondern zugleich Schufa.

Offen ist, ob Chinas staatliches System der sozialen Kreditwürdigkeit mit den privaten Projekten der chinesischen Internet-Giganten verknüpft wird. Darüber scheint es zwischen staatlichen Regulatoren und den chinesischen Internet-Giganten Spannungen zu geben. Für die Konzerne ist die riesige Menge wertvoller Daten der Internet-Nutzer in China ein gewaltiges Rohstoffvorkommen. Je mehr Daten, desto besser können die Algorithmen trainiert werden. Gleichzeitig wird auch in China der Datenschutz immer mehr diskutiert. Der Datenschutz-Chef von Ant Financial erklärte, Chinas Verbraucher seien nicht mehr zufrieden damit, dass ihre Daten lediglich vor Betrug geschützt seien. Sie wollten Kontrolle über ihre Daten und ihre Privatsphäre schützen – sie räumen der Datensouveränität eine hohe Priorität ein.

Sozialkreditsystem gegen Wildwest-Kapitalismus

Nach chinesischen Medien soll Ziel des staatlichen Sozialkreditsystems nicht die totale Überwachung und soziale Kontrolle aller Bürger sein, sondern vielmehr die Schaffung eines Online-Systems mit der transparenten Einstufung des sozialen Verhaltens und der Kreditwürdigkeit der Unternehmen, der staatlichen Verwaltung und der Organisationen des Landes. Derzeit gibt es in China kein landesweites System, um Kreditnehmer und Kreditrisiken zu bewerten. Die jährlichen wirtschaftlichen Verluste durch ausgefallene Kredite und insolvente Kreditnehmer wurden in China schon 2017 auf ca. 90 Mrd. US-$ beziffert. Deshalb sei ein System zur Prüfung der Kreditwürdigkeit unerlässlich.

Chinesische Steuer- und Zollbehörden bewerten inländische und auch ausländische Unternehmen zunehmend nach ihrer Einhaltung der lokalen Gesetze und Vorschriften. Die Behörden teilen untereinander schwarze Listen über gravierende Gesetzesverstöße. Auch die Gefährdung der nationalen Sicherheit ist ein Bewertungskriterium. Nach den Regierungsdokumenten stellen verschiedenste chinesische Behörden vom Arbeitsschutz über E-Commerce und Cyber-Sicherheit bis zur Pharma-Zulassungsbehörde Listen von Unternehmen nach deren Verhalten bei etwa 300 Regelungen zusammen. »Das System könnte für einzelne Firmen Leben oder Tod bedeuten«, beschwerte sich Jörg Wuttke, Präsident der Europäischen Handelskammer in China. Aber ausländische Unternehmen schneiden meistens besser ab als lokale Firmen, etwa beim Umweltschutz. Mögliche Sanktionen gegen Unternehmen sind Strafen, spezielle Audits und Betriebsprüfungen, restriktivere Genehmigungen oder auch der Ausschluss von Vorzugsbedingungen oder von öffentlichen Aufträgen.

Wirtschaftskriminalität und speziell Online-Betrug sind in China ein riesiges Problem. Nach einer repräsentativen Umfrage 2016 der Internet Society of China erklärten 84% der Befragten, sie hätten schon einmal oder mehrfach den Diebstahl ihrer persönlichen Daten erlebt. Die Zahl der Fälle steigt weiter. Nach einem Bericht der Tageszeitung Legal Daily untersuchte die Polizei 2017 insgesamt 4.900 Fälle von Datenklau und verhaftete in diesem Zusammenhang über 15.000 Personen. 2016 starb in Shandong eine 18-jährige Universitätsstudentin an einem Herzschlag, nachdem sie entdeckt hatte, dass die gesamten Ersparnisse ihrer Familie für ihr teures Studium von ihrem Konto verschwunden waren. Der Kriminelle, der später für den Datenklau und das darauf folgende Abräumen des Kontos zu lebenslanger Haft verurteilt wurde, hatte einen Hacker mit dem Klau ihrer persönlichen Daten beauftragt.

Die Fälle von Online-Betrug durch sogenannte Schattenbanken oder dubiose Finanzanbieter im Netz gehen in China in die Legion. Sie bieten im Netz für Spareinlagen vergleichsweise hohe Zinsen gegenüber den Niedrigzinsen der chinesischen Staatsbanken. Eine Spareinlagen-Sicherung wie in Deutschland gibt es bei Chinas »Schattenbanken« nicht. In den ersten sieben Monaten 2018 verloren Sparer Einlagen von umgerechnet über 100 Mrd. Euro durch Internet-Plattformen für die Geldanlage. Sehr beliebt bei chinesischen Wirtschaftskriminellen sind auch kultähnliche Schneeballsysteme, die gutgläubige Anleger mit der Aussicht auf schnellen Reichtum locken, vorausgesetzt, sie werben andere Gutgläubige, die ihrerseits ihre Ersparnisse einbringen.

Das Ausmaß der Wirtschaftsbetrügereien in Chinas ist nach Jahrzehnten Marktwirtschaft mit Zügen des Wildwest-Kapitalismus nach wie vor gravierend. Zum Beispiel sind manchmal lebensgefährliche Produktfälschungen, von Medikamenten bis zum Milchpulver, an der Tagesordnung. Chinas Wirtschaftsreformen seit 1978, der Marktcharakter vieler gesellschaftlicher Beziehungen, die Dominanz des Profitdenkens und die harte Konkurrenz um gute Jobs oder auch um einen begehrten Platz an der Eliteschule oder Universität für das einzige Kind haben zu einer »Verwilderung« der gesellschaftlichen Beziehungen und zu einer zynischen Sichtweise auf die Gesellschaft geführt. Korruption und Wirtschaftsbetrug sind alltäglich. Immer wieder werden Regierungsebenen verantwortlich gemacht, dass sie die Probleme nicht in den Griff bekommen.

Das geplante System der sozialen Kreditwürdigkeit für Unternehmen ist eine Antwort auf diese Auswüchse. Denn bislang war das existierende Rechtssystem mit seinen Sanktionen und Strafen allein nicht in der Lage, die Einhaltung der Gesetze und Vorschriften – vom Verbraucherschutz und Umweltschutz bis zu den Arbeitnehmerrechten – allgemein durchzusetzen. Das Sozialkreditsystem funktioniert damit als Verstärker für gesetzliche Vorschriften und soll damit aktuelle Probleme lösen, mit denen viele Chinesen täglich konfrontiert sind.

»Müll rein, Müll raus«: Grenzen der Benotungssysteme

Es ist eine Binsenweisheit in der Informatik, dass Datenbanken und übergreifende Meta-Datenbanken nur so gut sein können wie die Qualität der erfassten Daten. Schlechte Daten führen zu falschen Schlüssen. Eine Datenbank mit persönlichen Daten von 1,4 Milliarden Chinesen muss zwangsläufig fehlerbehaftet sein. Schon das oben genannte Experiment im Kreis Suining ist u.a. an der Qualität der Daten gescheitert.

Das zweite Problem der automatisierten gesellschaftlichen Kontrolle ist die Qualität der analytischen Instrumente, also der Algorithmen. Westliche Geheimdienste haben immer wieder mittels Data-Mining-Techniken versucht, aus riesigen Datenbeständen mögliche Terroristen zu identifizieren. Aber alle Versuche sind bislang gescheitert; es gab zu viele falsche »positive Treffer«. Das war auch das Ergebnis von Experimenten zur Gesichtserkennung am Berliner Bahnhof Südkreuz. In den letzten Jahren ist zudem in verschiedensten Studien nachgewiesen worden, dass in die Algorithmen von Systemen der Künstlichen Intelligenz immer wieder rassistische oder sonstige Vorurteile einfließen.

In China soll die Kreditwürdigkeit von den Algorithmen anhand von Punkten vorhergesagt werden, die nach unterschiedlichsten Dimensionen vergeben werden. Die Erfassung von Vorstrafen oder dokumentiertem Kreditbetrug ist dabei noch relativ einfach. Die Bewertung der Sicherheit des Jobs schon schwieriger. Es gibt keine Standards für Genauigkeit, Transparenz und Vollständigkeit. Fehlerhafte Bewertungen aufgrund falsch interpretierter oder unvollständiger Daten sind die Folge, wie von der deutschen Schufa bekannt ist. Allerdings hat eine negative Beurteilung im chinesischen System der sozialen Kreditwürdigkeit ungleich massivere Folgen.

Digitale Steuerung der Gesellschaft in der Tradition des konfuzianischen Erziehungsstaats

Das gegenwärtig nur für Unternehmen etablierte Sozialkreditsystem steht in der Kontinuität eines Staatsverständnisses, in dem der Staat sich als Hüter von Moral und der gesellschaftlichen Ordnung und Stabilität begreift. So der China-Wissenschaftler Thomas Heberer. »Das Land mithilfe der Moral regieren« (yide zhiguo) und »das Land mithilfe des Rechts regieren« (yifa zhiguo) sind offiziell erklärte Ziele der gegenwärtigen politischen Führung (Heberer/Müller 2020). Laut Xi Jinping ist das Recht die in Schriftform gegossene Moral, die Moral das verinnerlichte Recht. Die Wiederherstellung dieser gesellschaftlichen Moral und des gesellschaftlichen Vertrauens wird gegenwärtig als eine der zentralen Aufgaben des Staates definiert.

Nach Heberer steht dahinter die Analyse, dass es in China einen massiven Verlust gesellschaftlichen Vertrauens, an zivilisiertem Verhalten und damit eine moralische Krise gibt. Hinzu kommt eine ausgesprochen geringe Neigung zur Befolgung von Regeln, Normen und Gesetzen, ein wenig ausgeprägtes Maß an Rechtsbewusstsein sowie ein hohes Maß an Korruption und viele gesellschaftliche Skandale.

Einem von Heberer zitierten chinesischen Sozialwissenschaftler zufolge gibt es zwar viele Gesetze, doch es mangelt an einer funktionierenden gesellschaftlichen Ordnung. Der Staat müsse stärker als Disziplinierungsinstanz auftreten. Die Einführung des Sozialkreditsystems wird primär mit dem Verfall der gesellschaftlichen Moral sowie des innergesellschaftlichen Vertrauens begründet und der Aufbau einer neuen Moral mittels dieses Systems gefordert. Es ist zugleich eine Reaktion auf die innergesellschaftliche Vertrauenskrise. Dieses Vorhaben wird deshalb weniger als juristisches, sondern in erster Linie als ein vertrauensbildendes Programm des Staates mit moralischen Maßstäben begriffen.

In allen geschichtlichen Perioden hat der chinesische Staat versucht, die Bevölkerung einem einheitlichen Kontroll- und Überwachungssystem zu unterwerfen. So spielte das sogenannte Baojia-System seit der Song-Dynastie (960-1279) und bis ins 20. Jahrhundert hinein eine große Rolle. Im ursprünglichen System wurden je zehn Familien zu einer Einheit (bao) zusammengefasst. Später wurde diese Einheit jia (ca. 4-13 Familien) genannt. Die Dorfbewohner waren in Haushaltsgruppen mit einem Vorsteher eingeteilt, der für öffentliche Sicherheit, Steuerzahlungen und Personenregistrierung zuständig war. Die Mitglieder waren gemeinschaftlich haftbar für Verfehlungen oder Straftaten Einzelner. Auch die japanische Besatzungsmacht bediente sich während der Okkupation Chinas dieses Systems. Es hatte in den Städten dieselbe Funktion wie im ländlichen Raum: Überwachung der Bevölkerung und soziale Kontrolle.

Die KP behielt es nach 1949 de facto bei. Straßenbüros und Einwohnerkomitees sollten nicht nur die Politik der KP in den Wohnvierteln umsetzen. Sie sollten sich auch um soziale Probleme und Problemgruppen wie Arbeitslose, Rentner, Behinderte und entlassene Strafgefangene kümmern. Sie errichteten Kindergärten, Gesundheitseinrichtungen und kleine Betriebe, übten polizeiliche Hilfsfunktionen aus und wirkten als Melde- und Sozialämter.

Über Jahrzehnte hinweg gehörte jeder Chinese zu einer staatlichen Einheit (Danwei), einer Arbeits- oder Wohneinheit z.B. eines Staatsunternehmens oder einer Behörde. Jeder war über seine Danwei registriert und unterlag damit der sozialen Kontrolle. Jede Einheit führte eine Akte über ihre einzelnen Mitglieder, die die betreffenden Personen meist nie zu Gesicht bekamen. Die Danwei hatte wichtige ökonomische, politische und soziale Funktionen. Sie sorgte für Wohnungen, eine Basis-Gesundheitsversorgung, Schulen und Kindergärten und stellte damit eine Art Familienersatz dar. Zugleich gab sie ihren Mitgliedern sozialen Status und soziale Identität.

Die Wirtschaftsreformen seit 1978 haben die Rolle der Danwei als Basiseinheit, die nicht nur die soziale Kontrolle und politische Erziehung sicherstellte, sondern die Mitglieder auch sozial versorgte, untergraben: Die Schließung vieler Staatsbetriebe, die Errichtung von Unternehmen mit ausländischem Kapital, die Rückkehr zu familiärer Bewirtschaftung auf dem Land, das Anwachsen des privaten Sektors und neue Beschäftigungsformen wie Solo-Selbständigkeit machten die Danwei obsolet. Die Danwei-Strukturen behinderten die Reformen und waren mit marktwirtschaftlichen Strukturen nicht vereinbar. Daher bedurfte es aus staatlicher Sicht neuer Formen der Kontrolle, Überwachung und Disziplinierung.

Das, was in China »Gesellschaftsmanagement« genannt wird, ist also keineswegs etwas Neues. Die Technologien und die dadurch bedingten neuen Überwachungsmöglichkeiten haben die soziale Kontrolle lediglich auf eine neue Stufe gehoben. Das Besondere in China ist die Rolle der moralischen Erziehung. Diese Aufgabe hatte schon seit zwei Jahrtausenden der »konfuzianische Erziehungsstaat«. So forderte der chinesische Modernisierer Sun Yat-sen in den 1920er Jahren, der Staat solle eine »Erziehungsdiktatur« im Interesse der Zivilisierung und moralischen Erziehung der Bevölkerung ausüben. Der chinesische Disziplinierungs- und Erziehungsstaat verfolgt diese Rolle jetzt mit modernen technologischen Mitteln.

Denn es reduziert die Informations- und Überwachungskosten, wenn mittels Algorithmen Bürger und Organisationen dazu gebracht werden, die Vorgaben und Rationale des Staates einzuhalten und zu akzeptieren.

Im chinesischen Kontext hat die Steuerung durch Algorithmen auch das Potenzial, das fragmentierte Modell autoritärer Gesellschaftssteuerung umzugestalten. Das ist bislang durch eine dezentralisierte Implementation der Politik und Regulierung charakterisiert. In Zukunft könnten viele lokale Beamte und Bürokraten, die bislang durch ihre Stellung privilegiert sind, selbst der Herrschaft der Algorithmen unterworfen sein. Eine zahlenmäßig viel kleinere Elite wäre dazu in der Lage, die algorithmische Herrschaft zu managen. Das könnte in China zu einer Rekonzentration der Macht führen. Wenn die chinesischen Experimente erfolgreich sind, würde die Algorithmisierung möglicherweise für andere Länder zum Modell. Gleich im ersten Kapitel des oben angeführten Dokuments des Staatsrates von 2014, das die Planung für den Aufbau eines Sozialkreditsystems beschreibt, geht es um die Aufsicht über das Regierungshandeln, um eine wirksamere Kontrolle der lokalen Regierungsebenen.

Zur besseren Einordnung der Anstrengungen der chinesischen Regierung, die digitale Kontrolle und Steuerung der Gesellschaft mit Videoüberwachung, Netzzensur, futuristischer Verbrechensprävention und Sozialkreditsystem massiv auszuweiten, darf aber ein anderer Fakt nicht vergessen werden: China ist nach Daten von Interpol mit 1,4 Polizisten je tausend Einwohner weltweit eines der Länder mit der geringsten Polizeidichte. Zum Vergleich: In den USA kommen 2,7 Polizisten auf tausend Einwohner. Die Polizeidichte in den USA, aber auch in Deutschland ist fast doppelt so hoch wie in China.

Corona: Straßenkomitees vs. digitale Tools

Die erfolgreiche Eindämmung der Corona-Pandemie in China – es sei dahingestellt, ob die von China offiziell gemeldeten Zahlen von Infizierten und Toten stimmen – sind für die chinesische Regierung ein weiterer Beleg für die praktische Überlegenheit ihrer digitalen Kontrolle. Erfahrungsberichte von deutschen Journalisten in Beijing, etwa Christoph Giesen in der Süddeutschen Zeitung (16.5.2020), über die umfassende Überwachung durch eine Corona-App scheinen das zu belegen. Journalisten sprechen schon von einem neuen Deal, einem neuen Gesellschaftspakt zwischen Partei und Bevölkerung. Bislang galt: Die Partei sorgt für Wachstum, dafür mischen sich die Chinesen nicht in die Politik ein. Jetzt sorgt die Partei erfolgreich für Sicherheit und Schutz vor der Pandemie, während einige Länder im Westen und speziell die USA in der Pandemie versinken.

Im westlichen Denken wirkt China wie ein Monolith, in dem Edikte aus Beijing eins zu eins im Land umgesetzt werden. Aber Corona hat auch eine viel banalere Realität gezeigt. Obwohl die chinesischen Behörden über digitale Werkzeuge wie die Standortverfolgung von potenziell Infizierten oder die Gesichtserkennung verfügen, ist der Zugriff der Staatsorgane auf die persönlichen Daten in der Praxis limitiert. Wie in anderen Ländern ist die Koordination der verschiedenen öffentlichen Institutionen oft nur sporadisch und geprägt von bürokratischen Rivalitäten. Und Chinas Internet-Riesen haben oft genauere Daten mit GPS-Standort als die staatlichen Telekom-Konzerne. Und Chinas Regierung hat auch nicht den Zugang zum Datenschatz großer Internetkonzerne.

Ein Beispiel: Wenige Tage, nachdem der Lockdown über die Millionenstadt Wuhan verhängt wurde, bekam eine Regierungsbeamtin in einer Stadt in der über 1.000 km entfernten Provinz Guangdong eine Liste mit den von Telekomfirmen ermittelten Standortdaten von Personen, die trotz Lockdown aus der Region von Wuhan zurück an ihre Arbeitsplätze nach Südchina gefahren waren. Sie konnte mit ihrem Team die meisten identifizieren. Doch ein potenziell Infizierter konnte nicht gefunden werden. Er hielt sich in einer Nachbarstadt auf. In der an die Behörden der Nachbarstadt übermittelten Liste tauchte er aber nicht auf (Financial Times, 3.4.2020). Schließlich konnte er durch den Einsatz der Mitglieder von Straßen- und Nachbarschaftskomitees, die von Haus zu Haus gingen, lokalisiert werden.

Diese Komitees, in den Städten in jedem Wohnblock und in jeder Nachbarschaft etabliert, gab es schon in Chinas Kaiserreich und zu Zeiten Mao Zedongs. In der Bekämpfung von Corona spielten sie wieder eine zentrale Rolle, auch wenn die Regierung anfangs hunderttausende Staatsangestellte zur Verstärkung der Komitees mobilisieren musste: Sie kontrollierten die Einhaltung der Regeln, checkten den Gesundheitsstatus der Bewohner, versorgten Alte und Kranke und verteilten Vorräte und Masken. Die »klassische« soziale Kontrolle ist offensichtlich wirksamer als die digitale Überwachung.

Forderungen nach mehr Datenschutz

Die chinesische Regierung hat bislang in den staatlichen Medien großen Raum für Diskussionen über das Sozialkreditsystem zugelassen. Eine hochkarätig besetzte Konferenz in Shanghai diskutierte, wie die Bewertungen überprüft und Fehler korrigiert werden können. Viele Teilnehmer verlangten eine Stärkung der gesetzlichen Schutzrechte. Ein Kommentator der Beijing Times kritisierte Überlegungen, Bürger zu bestrafen, die ihre Stromrechnungen nicht gezahlt hatten. Der Autor erklärte, er habe nichts gegen ein Kreditinformationssystem. »Ich bin aber dagegen, dass damit die Starken noch mehr Macht bekommen und der Spielraum für Bürgerrechte eingeschränkt wird.« Denn in dem Ratingsystem bekommen die Besitzenden mehr Belohnungen und können gleichzeitig Sanktionen vermeiden. Denn Sanktionen treffen die ohne Kapital härter, weil sie für ihr tägliches Überleben auf die kontinuierliche Beteiligung am Ratingsystem angewiesen sind.

Aus dieser Perspektive erscheinen z.B. die in Chinas Sozialkreditsystemen erfassten kleinen Selbständigen als Ansammlung von Mikro-Unternehmern, deren Lebensumstände von ihrer Punktebewertung abhängen. So arbeitet Alibabas Sesame Credit mit Apps wie Daowei zusammen, einer Gig-Plattform, auf der Selbständige ihre Dienstleistungen zusammen mit ihrem Credit Score anbieten. So wie man bei TripAdvisor das Restaurant aussucht, so kann man in China den Dienstleister mit den meisten Punkten aussuchen.

Im Januar 2018 verhandelte ein Gericht in der ostchinesischen Stadt Nanjing die Klage einer Verbraucherorganisation gegen Baidu, Chinas größte Internet-Suchmaschine. Die Organisation klagte, dass eine Baidu-App die Telefongespräche überwachte, ohne die Kunden zu informieren. Das sei illegal. Zur gleichen Zeit entschuldigte sich Ant Financial, Finanz-Dienstleister von Alibaba, für eine Standard-Einstellung in Alipay, der App für mobiles Zahlen. Diese Standard-Einstellung sorgte dafür, dass die Kunden automatisch in das System der Kreditbewertung einbezogen wurden. Über Tencent, Chinas dritte Internet-Großmacht und Betreiber der populären Messaging-App WeChat, brach ein Empörungssturm los, als der Chef einer der größten chinesischen Autofirmen erklärte, Tencent-Gründer und -Boss Pony Ma würde täglich alle Botschaften auf WeChat checken.

China hat eine schlechte Reputation, was die Kontrollen über die Sammlung und die Nutzung personenbezogener Daten angeht. Hier spielen aber auch kulturelle Unterschiede mit hinein: So hat das chinesische Wort für »privacy« die negative Konnotation von Geheimniskrämerei. Viele Dinge, die im Westen in einem Gespräch zwischen Fremden tabu sind, etwa was man verdient oder ob man verheiratet ist, werden in China offen diskutiert.

2017 erließ die chinesische Regierung erstmals ein Gesetz für den Datenschutz im Netz. Das Gesetz greift die kritischen Diskussionen in der chinesischen Öffentlichkeit auf und verbessert durch proaktive Regulierung zugleich die Bedingungen für die internationale Expansion von Chinas Internet-Konzernen. Gleichzeitig verlangt das Gesetz, dass die Betreiber der »kritischen Informations-Infrastruktur« Kopien aller erfassten Personendaten in China speichern. Seit Februar 2018 hat der Apple-Konzern deswegen das Management der iCloud-Daten seiner chinesischen Kunden an einen staatlichen Betreiber übergeben. China ist auch für Apple der größte Markt weltweit. Das nährte im Westen den Verdacht, dass die chinesischen Behörden auf diese Daten zugreifen können. Bislang gibt es aber keine Bestätigung für Spekulationen, dass die chinesischen Behörden die Daten der chinesischen Apple-Nutzer scannen.

Auch die Veröffentlichung der Europäischen Datenschutz-Grundverordnung im Mai 2018 hat dazu geführt, dass Forderungen nach besserem Datenschutz in China laut wurden. Wohl als Reaktion darauf kündigte die Regierung im Rahmen der Tagung des Nationalen Volkskongresses im März 2019 an, den Schutz persönlicher Daten rechtlich besser abzusichern.

Kapitel 5
US-Wirtschaftskrieg gegen China: Zerfällt die Welt wieder in Blöcke?

Chinas Aufstieg zur demnächst größten Wirtschaftsmacht der Welt geht mit einer gewachsenen Rolle in den internationalen Beziehungen einher. Zwar ist die wirtschaftliche Leistungsfähigkeit eines Landes nicht alles. Aber das internationale Auftreten basiert letztlich auf der Entwicklung der chinesischen Ökonomie. Die Anziehungskraft von Chinas Volkswirtschaft auf andere Länder und multinationale Konzerne ist gegenwärtig ungebrochen, zumal das Land die wirtschaftlichen und gesellschaftlichen Folgen der Corona-Pandemie viel schneller überwunden hat als etwa die USA, die in einer Rezession zu versinken drohen. Ohnehin verschiebt sich das Zentrum der Weltwirtschaft immer mehr vom Atlantik nach Asien. Angesichts dieser aktuellen Trends und der langfristigen Verschiebungen in der Weltwirtschaft erscheinen die Ambitionen der US-Politik, mit einem Wirtschaftskrieg den weiteren Aufstieg des neuen Rivalen zu stoppen oder zumindest zu stören, zum Scheitern verurteilt.

Der Blick zurück ist hilfreich, um den US-Wirtschaftskrieg gegen China und auch die gegenwärtige, noch nicht abgeschlossene Neu-Orientierung der europäischen China-Politik zu verstehen. In Anlehnung an die bundesdeutsche Ostpolitik unter Willy Brandt und Egon Bahr könnte man »Wandel durch Annäherung« auch als Motto des bisherigen westlichen China-Projekts bezeichnen. Das Ziel war, dass China sich dem neoliberalen Washington Consensus anschließen werde. Das Projekt ist gescheitert. Chinas wirtschaftliche und politische Öffnung der letzten 40 Jahre hat nicht zur im Westen erhofften und vielfach theoretisch begründeten Annäherung der Systeme und zur vollständigen Übernahme westlicher Gesellschaftsmodelle geführt.

2001 trat China der WTO bei. Damals kursierte die Vorstellung, China werde seine staatlich gesteuerte Wirtschaft mit dem triumphierenden Modell des westlichen freien Marktes verschmelzen. Aber der chinesische Staat verscherbelte nicht die dominierenden Staatskonzerne, sondern behielt die Kontrolle über die Kommandohöhen der Wirtschaft, über den Zustrom von Auslandsinvestitionen und über den Kapitalmarkt, Zinssätze und Wechselkurse.

Für die damaligen Träume im Westen steht der Begriff Chimerica, eine Wortschöpfung aus China und Amerika. Sie legt zugleich die Assoziation einer Schimäre, einer Illusion, nahe. Der Begriff, 2006 vom konservativen Wirtschaftshistoriker Niall Ferguson und dem Ökonomen Moritz Schularick geprägt, deutet eine Symbiose an, eine Verschmelzung der Volkswirtschaften

Chinas und der Vereinigten Staaten (Ferguson/Schularick 2007). Dieser These nach würde China Waren produzieren und exportieren und die Einnahmen daraus verwenden, um wiederum den USA zinsgünstige Kredite zu gewähren. In den USA wiederum würden diese zinsgünstigen Kredite zu einer beispiellosen Ausweitung des Konsums führen, während China durch Vollbeschäftigung und starkes Wirtschaftswachstum davon profitiere. Der Ankauf US-amerikanischer Staatsanleihen durch die chinesische Zentralbank hat den Kurs der chinesischen Währung niedrig gehalten, was wiederum die chinesische Exportwirtschaft begünstigte. In den damaligen Analysen wurden durchaus die latenten Konflikte dieser »Hyperökonomie« thematisiert. Aber für viele Autoren, z.B. für Zachary Karabell (2009) in ihrem Buch »Superfusion«, schien noch in der großen Krise des Westens 2008ff. ein Konflikt weder wünschenswert noch möglich infolge der wirtschaftlichen Verschmelzung der beiden weltweit größten Volkswirtschaften.

Es ist anders gekommen. China ist längst die zweitgrößte und kaufkraftbereinigt die größte Volkswirtschaft der Welt. Technologisch ist das Land auf vielen Gebieten inzwischen mit an der Spitze. Es handelt sich längst nicht mehr um eine Ökonomie, in der billige Arbeitskräfte für den Export arbeiten. Dabei hat China sein Gesellschafts- und Wirtschaftssystem nicht nach den neoliberalen Blaupausen des Westens umgekrempelt, sondern pragmatisch und mit ständigem Feintuning die Balance zwischen notwendiger Weltmarktorientierung einerseits und gesteuerter innerer Entwicklung andererseits gewahrt.

Es hat etwas gedauert, bis die USA und der gesamte Westen realisiert haben, dass ihre China-Träume nicht in Erfüllung gehen. Seitdem sortiert sich der Westen nach den unterschiedlichen politischen und wirtschaftlichen Interessenlagen neu. Der mit dem Fall der Mauer 1989 triumphierende Hegemon USA sieht durch China seine Weltherrschaft, seine bislang unangefochtene wirtschaftliche, politische und militärische Dominanz gefährdet und durch den Aufstieg auch existenziell bedroht. China wird von den US-Eliten weniger als ideologische Herausforderung wahrgenommen (wie früher die Sowjetunion), sondern mehr als direkte Herausforderung der US-Vorherrschaft. Die Ironie: Die USA wollen verhindern, dass sich die Volksrepublik künftig so verhält, wie die Vereinigten Staaten heute mit dem Rest der Welt umgehen – z.B. durch die Kontrolle des Welt-Finanzsystems samt Sanktionsmöglichkeiten.

Die Antwort ist zunächst ein zunehmend aggressiver Wirtschaftskrieg, mit dem die USA China überziehen und in den sie die westlichen Verbündeten zunehmend einbeziehen. Der US-Wirtschaftskrieg ist nicht mit dem Kalten Krieg gegen die frühere Sowjetunion vergleichbar. Damals standen sich zwei wirtschaftlich, technologisch und militärisch weitgehend abgeschottete Blöcke gegenüber, die offensiv auch ihre jeweiligen Ideologien propagierten. Dagegen sind die USA und China heute wirtschaftlich und technologisch aufs Engste verflochten. Die von den US-Eliten angestrebte Abkopplung von China und damit die faktische Auflösung des Systems der globalen Wirtschaft kann viele Jahre dauern und wird immense Kosten haben.

Pluralistische Globalisierung, keine Weltherrschaft

Im westlichen Denken ist es unvorstellbar, dass andere Länder und Kulturkreise nicht so ticken und so werden wollen wie wir. Das gilt nicht nur für unsere Werte und politischen Systeme. Das gilt auch für die christlich geprägten, aggressiv-imperialen Welteroberungsstrategien, die mit dem Aufstieg und Siegeszug des westlichen Kapitalismus seit hunderten von Jahren einhergingen. Wenn China zur größten Wirtschaftsmacht der Welt aufsteigt und in ein paar Jahrzehnten sogar bei der Pro-Kopf-Wirtschaftsleistung mit den reichen Ländern des Westens gleichzieht, dann muss das Land diesen Vorstellungen zufolge doch zwangsläufig ebenfalls auf politische und militärische Expansion setzen, den Westen herausfordern und die USA vom Thron stoßen.

Dazu schreibt der Ökonom und frühere polnische Außenminister Grzegorz Kolodko (2020): »Aber China will nicht andere Länder zu Feinden abstempeln … Es ist erstaunlich, aber China scheint besser zu verstehen, was gegenwärtig auf dem Spiel steht an der gegenwärtigen Kreuzung der Zivilisation.«

Anders als im Westen ist Chinas Verständnis von Globalisierung nicht universalistisch, sondern eher pluralistisch. Danach sollen die Länder ihre eigenen Entwicklungswege ohne unangemessene externe Einmischung beschreiten. Die Nichteinmischung in die inneren Angelegenheiten anderer Länder ist schon seit den Zeiten von Mao und Zhou Enlai eine Grundlage der chinesischen Außenpolitik. Vor der Davos-Elite erklärte Staatspräsident Xi Jinping 2017, sein Land habe sehr von der Globalisierung profitiert. Aber China habe durch sein Wachstum ebenso zur positiven Entwicklung der Weltwirtschaft beigetragen, gerade in Zeiten von Wirtschafts- und Finanzkrisen.

Xi Jinping insistierte in Davos auf Chinas Recht, seinen Entwicklungsweg selbst zu bestimmen, und kritisierte den »one-size-fits-all«-Globalismus der westlichen Eliten. Sein Land habe sich nach seinen eigenen Bedingungen in das globale Wirtschaftssystem eingebracht und binnen einer Generation 600 Millionen Menschen aus der Armut befreit. »China steht zu seinen eigenen Bedingungen und Erfahrungen. Wir haben die Weisheit der chinesischen Zivilisation geerbt und lernen von den Stärken im Osten und Westen … Wir lernen, wir kopieren aber nicht von anderen. Wir formulieren unseren eigenen Entwicklungsweg durch kontinuierliches Experimentieren … Kein Land sollte den eigenen Weg als den einzig gangbaren Weg aufs Podest stellen,« zitierte die Financial Times (20.1.2017) den Staatspräsidenten.

Trumps durchsichtiges China-Bashing

Frühere US-Regierungen hatten noch die Meriten der Kooperation mit der aufstrebenden Weltmacht China herausgestellt. Es galt, wie auch in Europa: Wandel durch Annäherung. Nach der Erzählung vom »Ende der Geschichte« (US-Historiker Francis Fukuyama) werde zunehmender Wohlstand auch in China zur Übernahme westlicher Werte und zur Demokratie nach westlichem Vorbild führen. Daraus ist nichts geworden. Dass sie mit ihren Hoffnungen auf Chinas Wandel durch Annäherung falsch lagen, haben die US-Eliten nun realisiert und sehen die wirtschaftliche, technologische und geopolitische Vormachtstellung der USA durch China bedroht. Dass das Land ein Rivale ist, dessen weiterer Aufstieg unbedingt gebremst werden muss, ist schon seit längerem Konsens im US-Polit-Establishment, von neoliberalen Demokraten wie Hillary Clinton über moderate Republikaner bis zur US-Rechten um Breitbart News und Steve Bannon. »Chinas Ziel ist die Weltherrschaft, und es gibt eine überparteiliche Koalition für einen Gegenschlag«, zitiert die Zeitschrift Economist (13.10.2018) einen republikanischen Senator. Sein Kollege von den Demokraten sekundiert: »Es gibt einen größeren, heftigeren und ideologisch aufgeladeneren Konflikt mit China, als ich bislang geglaubt hatte.«

Als Anfang Oktober 2018 zwischen beiden Ländern ein erster Waffenstillstand im Wirtschaftskrieg vereinbart wurde und die wechselseitige Verhängung immer weiterer Zölle zeitweilig gestoppt wurde, verlangte Chuck Schumer, der Führer der demokratischen Senatoren im US-Kongress: »Ein Mini-Deal mit China? Es darf aber keinesfalls Konzessionen an Huawei geben. Das will China am meisten. Das würde unsere außerordentliche Schwäche zeigen.« (Financial Times, 12.10.2018)

Für die US-Regierung als geschäftsführendem Ausschuss von US-Konzernen und für die 0,01% US-Superreichen ist der neue Hauptfeind klar. Im ersten Jahr der Trump-Präsidentschaft, Ende 2017, veröffentlichte die US-Regierung eine neue nationale Sicherheitsstrategie. Die Kernaussage lautet: Die Volksrepublik ist ein strategischer Rivale, der bekämpft werden muss, eine revisionistische Macht, die die gegenwärtige US-dominierte Weltordnung verändern will. Es gebe einen Wettbewerb zwischen »freien und repressiven Visionen der Weltordnung« – also eine neue Systemkonkurrenz. Seit Verkündung der neuen Sicherheitsstrategie vergeht keine Woche, in der US-Politiker und hohe US-Beamte nicht neue verbale, juristische und wirtschaftspolitische Breitseiten gegen die Volksrepublik richten – von der Klage gegen ungerechtfertigte Vorteile Chinas im internationalen Postverkehr bis zur Verhaftung der Huawei-Finanzchefin Meng Wanzhou in Kanada auf Ersuchen der USA im Januar 2019.

Kiron Skinner, Planungsdirektorin im US-Außenministerium, beschreibt die Rivalität mit Peking als einen Kampf »mit einer ganz anderen Zivilisation und mit einer ganz anderen Ideologie, und das hat die USA bislang nicht erlebt ... [es ist] das erste Mal, dass wir eine konkurrierende Großmacht haben, die nicht kaukasisch ist.« (Financial Times, 5.6.2019) Wohl nicht zufällig begreift die US-Strategin den Konflikt mit China als Zivilisations- und Rassenkrieg. Damit ist es letztlich ein unlösbarer Konflikt, in dem es nur Sieg oder Untergang gibt. Vermutlich steht Skinner mit ihren Aussagen für die chauvinistischen und rassistischen Vorurteile eines Teils der US-Eliten.

Die schärfere Abgrenzung der USA entwickelte sich schon unter Präsident Obama. Das von ihm forcierte pazifische Wirtschafts- und Freihandelsbündnis TPP (Transpazifische Partnerschaft), das von Trump schließlich gestoppt wurde, war explizit gegen China gerichtet, das als TPP-Mitglied nicht erwünscht war. Anti-chinesische (und anti-russische) Reflexe wurden bei den US-Demokraten – von der Basis bis in die Politzirkel in Washington – schon immer mehr gepflegt als bei den Republikanern.

Das gilt auch für die Linke und die US-Gewerkschaften: Auf seiner Homepage feelthebern.org erklärt Bernie Sanders, warum Freihandel mit China den amerikanischen Arbeitern schade, nur den multinationalen Konzernen nütze und Chinas militärische Aufrüstung zusammen mit der internationalen Gemeinschaft (wen genau er hier meint, ist unklar) gestoppt werden müsse. Auch die US-Gewerkschaften, nicht nur die United Steelworkers, stehen in der US-Einheitsfront gegen die Volksrepublik. In dieser Anti-China-Hysterie sind Tatsachen eher störend: etwa, dass der Verlust von Millionen US-Industriearbeitsplätzen direkt das Werk von US-Konzernen und der dominierenden Finanzbranche ist, die mit Verlagerungen ihre Profite in neue Höhen getrieben haben; oder dass schon 2003 über die Hälfte der chinesischen Warenexporte in die USA die Label von US-Konzernen trugen (Roach 2004). Allein auf Apples iPhone 7-Smartphones entfiel 2017 ein Anteil von über 4% am gesamten US-Warenimport aus China (Rügemer 2018).

Einmütig hat der US-Kongress 2018 in einem Gesetz die Rolle des Verteidigungsministeriums und der Geheimdienste beim Genehmigungsprozess für ausländische Direktinvestitionen in den USA gestärkt. Im Zentrum der Überprüfung steht die nationale Sicherheit. Durch die neuen Auflagen und den Wirtschaftskrieg sind die chinesischen Investments in den USA von einem Höchststand 2016 von 46 Mrd. US-$ in den Jahren bis 2019 massiv gefallen. Auch Megadeals, z.B. in der US-Chipindustrie die Übernahme von Qualcomm, einem Spezialisten für Mobilfunkchips, durch Broadcom, mit Firmensitz bislang in Singapur, scheiterten am Veto der US-Behörden. Angeblich sei Broadcom zu eng mit China verbandelt. Schon seit 1980 untersucht die CFIUS-Kommission (Commitee on Foreign Investment in the US) Auslandsinvestitionen in den USA. Bisher hatte die Behörde stärker die Vorteile von Auslandsinvestitionen gewichtet. Nun wird die bislang eher kleine CFIUS-Behörde massiv aufgestockt: künftig soll CFIUS chinesische Investitionen in anderen Ländern untersuchen, in denen US-Interessen auf dem Spiel stehen, und erstmals auch die US-Kapitalflüsse nach China. In den USA wird zudem diskutiert, auch den anderen Mitgliedsländern der westlichen Abhörallianz »Five Eyes« – Australien, Großbritannien, Kanada und Neuseeland – einen Platz in der Behörde zu geben.

Das weist auf einen fundamentalen Wandel der US-Wirtschaftspolitik hin. Zu Zeiten des dominanten Neoliberalismus mussten US-Konzerne nicht im vorrangig nationalen Interesse operieren. Denn es galt das neoliberale Credo: Was gut ist für die Unternehmen, ist auch gut für unser Land. Waren und Kapital konnten frei fließen, es entstanden globale Produktions- und Lieferketten mit China als Zentrum der weltweiten Cluster. Heute ist China nicht nur »Fabrik der Welt«, sondern auch ein weltweit führendes Innovations- und Entwicklungszentrum mit einem – auch mit deutscher Hilfe aufgebauten – Patentsystem. 2017 wurden dort doppelt so viele Patente angemeldet wie in den USA, die meisten übrigens von Huawei (Economist, 18.1.2019). Viele Milliarden US-Dollar sind allein in den letzten Jahren von der Wall Street und aus dem Silicon Valley in chinesische Start-ups aus den Sparten der Künstlichen Intelligenz, Mobilfunk der 5. Generation (5G) und Quantum-Computing geflossen.

Mit solchen Geldflüssen soll nach dem Willen der US-Administration jetzt Schluss sein. Die Financial Times (13.8.2018) zitiert einen amerikanischen Unternehmensberater: »In meinen Gesprächen sagten mir Beamte der Trump-Administration unverblümt, dass die US-Konzerne ihre Seele und ihre Technologie verkauft haben, um in China Fuß zu fassen ... Sie [die Beamten] sprechen darüber, die [wirtschaftliche] Abhängigkeit zwischen den beiden Ländern zu kappen. ›Das tut jetzt weh, aber ihr werdet es uns später danken.‹« Der US-Generalstaatsanwalt William Barr drohte im Juli 2020, US-Wirtschaftsbosse mit zu viel Nähe zu Peking könnten auch als ausländische Agenten eingestuft und verfolgt werden.

US-Kontrolle der Schlüsseltechnologien

Die von Trump verhängten US-Strafzölle auf chinesische Produkte machten in den letzten Jahren Schlagzeilen. Dabei sind sie eher ein Randthema, mit dem sich höchstens noch Wahlen im Mittleren Westen gewinnen lassen. Im US-Wirtschaftskrieg gegen China geht es allem voran um die Zukunftsbranchen, die letzten Felder der wirtschaftlichen US-Dominanz. Neben dem Mobilfunk der 5. Generation geht es um Künstliche Intelligenz, Cloud und Big Data, um autonomes Fahren und um Halbleitertechnologien. Können die USA diese Technologietrends weiterhin dominieren und über die Größe und Innovationskraft ihrer Unternehmen die Industriestandards setzen? Oder läuft China den Vereinigten Staaten bald den Rang ab?

Die Halbleiterbranche spielt eine Schlüsselrolle. Hier ist China besonders verwundbar. Denn die Volksrepublik verbraucht die Hälfte aller weltweit produzierten Chips, entwickelt und produziert aber nur einen Bruchteil davon selbst. Das Land zahlt mehr für die Importe von Chips als für Erdölimporte. Allein der Telekom-Konzern Huawei importierte 2019 für 19 Mrd. US-$ Komponenten aus den USA. Dabei geht es neben Spezialchips für Datenfunk (Marktführer Qualcomm) vor allem um die Miniaturisierung: Hier dominieren TSMC (Taiwan), Intel (USA) und Samsung (Südkorea) den Weltmarkt. Nur diese drei Konzerne können Hochleistungs-Chips in 7nm- oder 5nm-Technologie liefern.

In einem Report von 2018 erklärte Chinas Ministerium für Industrie und IT, China sei bei 95% der High-End-Chips in Computern, bei 70% der Smartphones und bei den meisten Speicherchips von Importen abhängig. Manche Experten schätzen, dass es noch 30 und mehr Jahre dauern kann, bis China sich mit Schlüsseltechnologien inklusive Software für Chipdesign und Chipfabrikation selbst versorgen kann. Andere sprechen von einem Zehn-Jahre-Vorsprung der USA. Ein Vertreter von UniCloud, einer Tochter des chinesischen Chipherstellers Tsinghua Unigroup, erklärte laut Financial Times (30.5.2019), Profitabilität sei jetzt nicht das Wichtigste. »Priorität hat die Entwicklung unserer eigenen Technologie ...« In Chinas industriepolitischen Programmen wie »Made in China 2025« ist deshalb ein Großteil der Investitionsmittel für die Halbeiterindustrie und für den Maschinenbau für die Chipherstellung vorgesehen.

Spezialmaschinen für die Chip-Lithografie kommen aktuell meist von ASML aus den Niederlanden und sind bestückt mit Zeiss-Optik. Die leistungsfähigsten dieser Maschinen kosten 120 Mio. US-$ pro Stück. Der Shanghaier Staatskonzern SMIC hat kürzlich eine dieser Maschinen gekauft. Bislang (Stand September 2020) wurde sie aber nicht ausgeliefert. Andere Spezialmaschinen für die Chipfertigung kommen von US-amerikanischen und japanischen Herstellern (siehe Abb. 10 auf der folgenden Seite). Falls China der Zugang zu dieser neuesten Technologie versperrt wird, kann dessen Aufholjagd in der Chipindustrie um Jahre zurückgeworfen werden.

Übrigens hat die deutsche Bundesregierung in der Vergangenheit aktiv mitgeholfen, China beim Aufbau eigener Kompetenzen in der Chip-Fabrikation zu behindern. Vor vier Jahren wollten chinesische Investoren den kleinen Aachener Maschinenbauer Aixtron übernehmen. Dieser baut Anlagen für die Beschichtung von Wafern, kreisrunden, Pizza-förmigen dünnen Siliziumscheiben, auf denen die Halbleiter, die Chips aufgebracht werden. Nach einer Intervention der US-Administration unter Obama zog der damalige Wirtschaftsminister Sigmar Gabriel die schon ausgesprochene Ministererlaubnis für die Übernahme von Aixtron wieder zurück.

Abbildung 10: Maschinenbauer für die Halbleiterindustrie (in %)

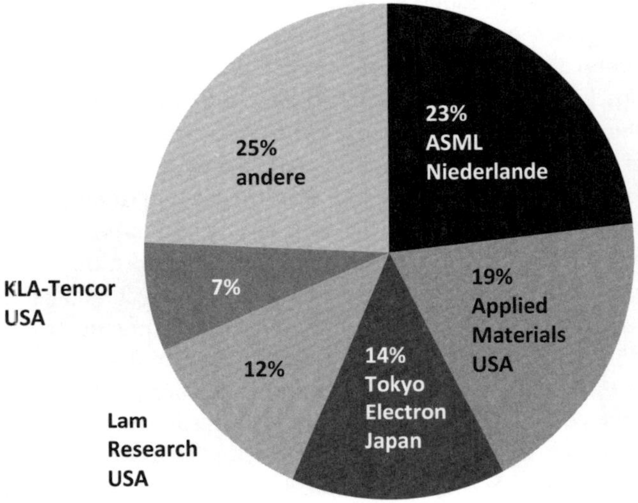

Quelle: Daten nach Statistica

Anfang 2018 nahm der US-Wirtschaftskrieg gegen China an Fahrt auf. Erstes prominentes Opfer war der Telekommunikationskonzern ZTE, die chinesische Nummer zwei hinter Huawei, mit einem Konzernumsatz von ca. 16 Mrd. US-$ im Jahr 2017. Die US-Regierung zog gegen ZTE ihre Allzweckwaffe im Wirtschaftskrieg: Das Unternehmen habe angeblich gegen US-Sanktionen verstoßen. Nur ein Mausklick, und allen US- sowie ausländischen Firmen mit nennenswertem US-Geschäft waren die Geschäfte mit ZTE verboten. Die Firma, die bis dato die wichtigsten Chips für Smartphones etc. von US-Konzernen bezog, musste ihren Betrieb einstellen. Erst nach persönlicher Intervention von Chinas Parteichef Xi Jinping hob US-Präsident Trump den Bann gegen ZTE auf, sehr zum Unmut des US-Regierungsapparates. Über den Preis für Trumps Entgegenkommen kann man nur spekulieren. Aber auch in China gab es Unmut über die Einigung, weil ZTE im Gegenzug einer internen Kontrolle durch US-Anwälte zustimmte. Damit unterwarf sich zum ersten Mal seit 1949 ein chinesisches Unternehmen der US-Gerichtsbarkeit. Es ist sehr wahrscheinlich, dass die chinesische Regierung diese Einigung abgesegnet hat.

Nicht nur in der Halbleiterindustrie, sondern in der gesamten IT-Industrie mit Ausnahme der Telekommunikation liegt China noch hinter den USA und dem Westen. Und trotz der im Westen verbreiteten Panik beim Ausbruch der Corona-Pandemie angesichts der Maskenknappheit, des Fehlens pharmazeutischer Grundstoffe und der unzureichenden Vorbereitung auf Pandemien allgemein gilt auch für Chinas Pharmasektor, dass dieser noch nicht mit den führenden westlichen, privaten Pharmaherstellern und staatlichen Instituten mithalten kann.

Wallstreet: mehr Verflechtung statt Abkopplung

Gleich nach dem 11. September 2001 begannen die USA, die globale, US-dominierte Finanzindustrie und das internationale Clearingsystem zwischen den Banken als Waffen gegen sogenannte Schurkenstaaten einzusetzen. dabei griffen sie auf Daten und Finanzflüsse zurück. Grundlegend dafür ist die Tatsache, dass die meisten Geschäfte weltweit noch immer in Dollars abgewickelt werden. Die USA können alle Transaktionen in SWIFT, einem globalen Clearingsystem der Banken, verfolgen. Die US-Administration kann jedes internationale Unternehmen oder jede Bank weltweit vom US-Dollar abschneiden. Die Auswirkungen sind verheerend, wie der Fall ZTE oder die Sanktionen gegen den weltgrößten russischen Aluminiumkonzern Rusal zeigten. Denn die US-Regierung setzt diese smarten Waffen längst nicht mehr nur gelegentlich und auch nicht nur gegen »Schurkenstaaten« ein. Sie plant den Einsatz des Finanzmarktes im Wirtschaftskrieg gegen China und möchte zudem, dass die westlichen Finanzkonzerne den Rückzug aus der Volksrepublik antreten. Dabei hat diese gerade, nachdem die USA und die EU lange Druck gemacht hatten, den Finanzsektor weiter für die westlichen Finanzkonzerne geöffnet.

Wenn sie von den US-dominierten Finanzmärkten abgeschnitten wird, könnten die Auswirkungen auf die künftige Finanzierung der chinesischen Konzerne und speziell der Technologiefirmen gravierend sein. Der Entzug von Finanzmitteln und die Kappung von Finanzierungsquellen sind eine wirksame Waffe, einen Rivalen erfolgreich zu attackieren. Bislang haben sich die chinesischen Internet-Riesen teilweise über die US-Börsen finanziert. Die US-Regierung prüft derzeit alle Optionen, China und chinesische Unternehmen von den US-Kapitalmärkten auszuschließen. Eine Option ist, dass chinesische Firmen nicht mehr an US-Börsen gelistet werden dürfen. Der chinesische Internet-Konzern Alibaba hatte noch vor wenigen Jahren den größten Börsengang in der Geschichte der Wallstreet platziert. Im Februar 2019 waren 156 chinesische Unternehmen, darunter elf Staatskonzerne, mit einer Marktkapitalisierung von 1,2 Billionen US-$ an US-Börsen gelistet. Eine weitere Option der US-Regierung ist ein Verbot für US-Pensionsfonds, in chinesischen Unternehmen oder Fonds zu investieren. Dieses Verbot gilt bereits für die staatlichen US-Pensionsfonds. Eine extreme Option der US-Regierung wäre der Ausschluss Chinas und chinesischer Banken aus dem Dollar-Zahlungssystem. Das würde Chinas finanzielle Verflechtung mit der Welt sofort unterbrechen.

Abb. 11: Ausländische Investments in Chinas Aktien und Anleihen (in Mrd. Yuan)

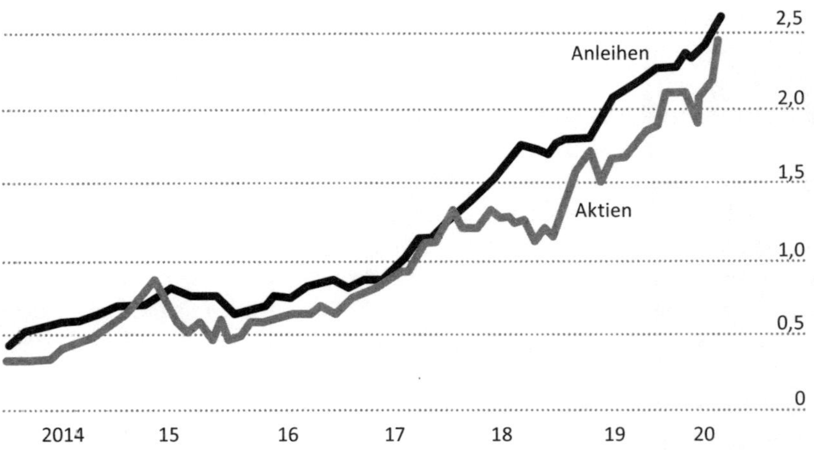

Quelle: Economist, 3.9.2020

Aber die Planspiele der US-Administration stehen den Interessen der globalen Finanzmärkte und der dominierenden US-Finanzindustrie offenbar fundamental entgegen. Denn bislang ist der Trend auf den Finanzmärkten eine zunehmende Verflechtung mit China. 200 Mrd. $ sind innerhalb eines Jahres aus dem Ausland auf den chinesischen Kapitalmarkt geflossen, ausländische Direktinvestitionen in Industrie- und Finanzunternehmen in China nicht einmal mit inbegriffen (siehe Abb. 11). Der Anteil chinesischer Aktien und Schuldverschreibungen im Portfolio ausländischer Investoren ist binnen Jahresfrist um 50 bzw. 28% gestiegen (Economist, 5.9.2020). Die Wallstreet-Konzerne Goldman Sachs, JP Morgan, Morgan Stanley, BlackRock und Citi sowie andere Finanzunternehmen bauen ihre Geschäfte in China nach den Genehmigungen der chinesischen Regierung, und nachdem die Obergrenzen für chinesische Beteiligungen von internationalen Vermögensverwaltern gefallen sind, massiv aus.

Chinas Attraktivität für die globale Finanzindustrie, die die enormen Finanzüberschüsse managt, liegt auf der Hand: Die Wirtschaft wächst nach der Pandemie fast als einzige Volkswirtschaft der Welt. China bietet in einer Welt von Negativzinsen noch akzeptable Zinsen für Schuldverschreibungen. Das Geldvermögen von Chinas Superreichen, das nach Prognosen von 24 Billionen $ im Jahr 2018 bis 2023 auf 41 Billionen $ wachsen wird, wartet auf Anlage. Hinzu kommt, dass die passiven Aktienfonds, also Fonds, die die Entwicklung von Aktienmärkten abbilden, anstatt aktiv in die Aktien einzelner Firmen zu investieren, inzwischen auch chinesische Aktien in ihre Benchmarks aufgenommen haben.

Während die chinesische Regierung die finanzielle Verflechtung mit den globalen Finanzmärkten und den USA vorantreibt, sind ihre längerfristigen Ziele klar: Die chinesische Währung, der Renminbi, soll zu einer globalen Währung werden und damit die Abwicklung von Chinas Geschäften in Dollar überflüssig machen. Dafür ist ein globales, von den USA unabhängiges Clearingsystem für die Finanzflüsse nötig, ebenso eigene Rating-Agenturen als Alternative zu denen von der Wallstreet. Immer wichtiger für Chinas Konzerne werden die Börsen in Hongkong und Shanghai. Der vom Alibaba-Konzern dort geplante Börsengang seiner Finanz- und Banktochter Ant Group, die weltweit beim mobilen Bezahlen und bei Online-Krediten führt und über die mehr als 600 Millionen Kunden ihre Bankgeschäfte abwickeln, wurde zwar vorerst verschoben. Dieser Börsengang, der noch vor fünf Jahren an der Wallstreet vollzogen worden wäre, wäre einer der größten der Geschichte geworden. Die Ant Group wurde im Sommer 2020 mit 200 Mrd. $ bewertet.

Die internationale Übergriffigkeit der USA führt zum forcierten Aufbau von finanziellen Netzwerken, die künftig an den USA vorbeigehen. So die Analyse von Abraham Newman, einem US-Wissenschaftler, in einer aktuellen Studie über globale Wirtschaftsnetze (Financial Times, 2.9.2020). Ein Beispiel dafür ist der von der EU initiierte Aufbau eines internationalen Zahlungssystems, um die US-Sanktionen gegen den Iran zu unterlaufen, die nach der einseitigen Aufkündigung des Atomabkommens durch die USA verhängt wurden. Nicht zufällig haben sowohl China als auch Russland ihr Interesse an dem Projekt geäußert. Aber der Aufbau eines internationalen Zahlungssystems, das nicht auf dem Dollar basiert, ist ein Marathon, kein Sprint. Denn noch immer basieren 62% aller internationalen Währungsreserven auf dem US-Dollar.

Kann der US-Wirtschaftskrieg Erfolg haben?

Kurzfristig können die US-Strafzölle und damit ein Einbruch der US-Importe aus China das Land schwächen. Aber nach den jüngsten Daten vom Sommer 2020 haben die von der US-Administration verhängten US-Einfuhrzölle nicht verhindert, dass das US-Außenhandelsdefizit mit China einen neuen Rekord erreicht hat, was sicher nicht nur an Corona-Schutzkleidung etc. liegt. Außerdem sind Chinas Exporte diversifiziert und gehen in viele Länder. Das Land exportiert inzwischen mehr in die Länder des globalen Südens als in die USA. Vor allem aber ist die chinesische Ökonomie mittlerweile viel weniger exportabhängig als noch vor 10 bis 15 Jahren. Damals machten die Exporte 50% der Wirtschaftsleistung aus, 2018 waren es nur noch 23%. Während China immer weniger in Relation zu seiner Wirtschaftsleistung exportiert, bleiben Chinas Importe auf hohem Niveau.

Das Land hat aufgrund seiner Größe und vor allem seiner ca. 1,4 Mrd. Einwohner die Dimensionen eines ganzen Kontinents. Chinas Binnenmarkt, der Traum jedes Marketingstrategen, bietet grenzenloses Potenzial und hat hunderte Millionen kaufkräftige Konsumenten, die Huawei und auch Apple so groß gemacht haben. Externe wirtschaftliche Sanktionen können bei einem so großen Binnenmarkt kaum extreme Schocks hervorrufen.

Wenn jemand im Westen gehofft hatte, viele Chinesen würden angesichts des wirtschaftlichen Drucks aus den USA Zweifel an der offiziellen Regierungspolitik und an der KP bekommen, so sprechen Meinungsumfragen und Reaktionen in der Gesellschaft eine andere Sprache. Zwar waren die USA in China bislang hochgeschätzt und beispielsweise ein bevorzugtes Ziel für das gern gesehene Auslandsstudium der Kinder aus der chinesischen Mittelklasse und der Parteibürokratie. Als jedoch die US-Regierung 2019 in den ersten Handelsgesprächen mit der Volksrepublik ihre Forderungen auf den Tisch packte – vom Verbot aller Subventionen an Staatskonzerne bis zum Abbau aller Schranken für ausländisches Kapital – gingen nicht nur in China die Wogen hoch. Auch westliche Kommentatoren erklärten, China könne ohne Gesichtsverlust niemals zustimmen, dass »Macht Recht setzt« (Financial Times, 5.6.2019). Die Volksrepublik sollte in einem künftigen Handelsvertrag die USA als Kläger, Richter und Exekutor akzeptieren. Die US-Entscheidung, Chinas einzigen global führenden Technologiekonzern Huawei künftig von US-Zulieferungen abzuschneiden, wird als Signal verstanden, das Land in permanenter Unterlegenheit zu halten.

Das befördert in China natürlich auch nationalistische Stimmungen: Ein chinesischer Professor beschrieb die Liste der Forderungen der US-Regierung als Aufforderung zur Kapitulation und erinnerte an die Zeiten, als die Kolonialmächte das Land demütigten. »Es ist eine Rückkehr ins 19. Jahrhundert, als westliche Mächte und Japan einer schwachen Qing-Dynastie alle Bedingungen in ihren ungleichen demütigenden Verträgen diktierten. Mag sein, dass es eine Entkopplung zwischen den zwei Volkswirtschaften gibt. Aber die Chinesen ertragen mehr Schmerzen als die verdorbenen und hochmütigen Amerikaner.« (Financial Times, 19.6.2019)

Zudem ist zweifelhaft, ob und wie weit die in China engagierten US-Konzerne beim Wirtschaftskrieg gegen China mitspielen. Die Interessen der einzelnen US-Kapitalgruppen – ob Wallstreet-Finanziers, Internet-Riesen oder die Halbleiterindustrie – decken sich nicht mit dem Feldzug der Administration in Washington. Die kurz- und langfristigen Vorteile sind zu groß. Eine kürzlich veröffentlichte Umfrage unter US-Firmen mit größerem China-Geschäft ergab, dass ganze 4% der Unternehmen ihre Produktion in die USA zurückverlagern wollen.

Abb. 12: China-Anteile an der globalen Elektronikindustrie
(in %, Stand: Juli 2020)

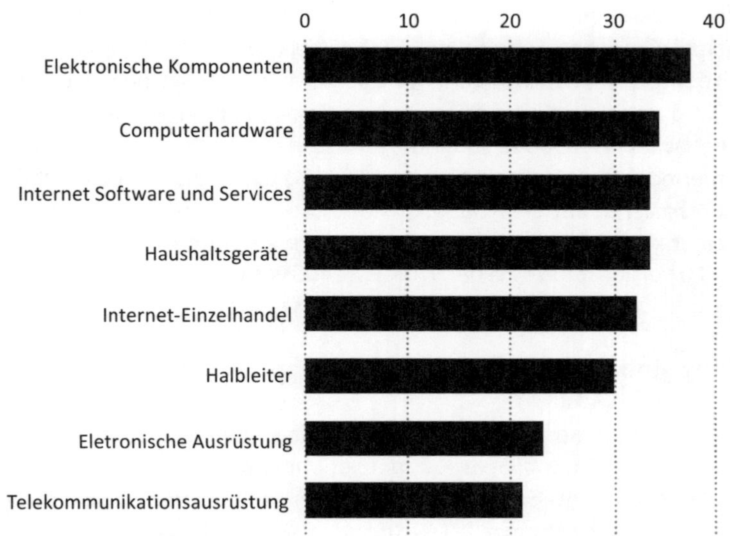

Quelle: Economist, 23.6.2020 nach Daten von DBResearch

Hinzu kommt: Die in den letzten Jahrzehnten aufgebauten globalen Lieferketten speziell in der Elektronikindustrie mit dem Zentrum im chinesischen Perlflussdelta zwischen Hongkong und Guangzhou (Kanton) können nicht in wenigen Jahren durch andere Produktions- und Lieferbeziehungen substituiert werden (siehe Abb. 12). Anderswo mögen die Lohnkosten inzwischen wesentlich geringer sein, aber nirgendwo sonst auf der Welt – auch nicht im Silicon Valley – gibt es vergleichbar mit dem Perlflussdelta genügend Fachkräfte, hoch spezialisierte Zulieferer, effiziente Logistik etc. Auch der weltgrößte Einzelhändler WalMart müsste seine Lieferbeziehungen komplett umstellen.

China hat nicht erst seit den Trump-Sanktionen ein starkes Interesse, sich von der bisherigen Abhängigkeit von US-Technologie abzukoppeln und zu emanzipieren. Die US-Restriktionen, die die Ausfuhr von US-Technologien bzw. von u.a. mit US-Technologien entwickelten Chips harten Auflagen unterwerfen, haben in China die Anstrengungen verstärkt, den Aufbau einer eigenen Halbleiterindustrie zu forcieren. Kai-Fu Lee, ein chinesischer Forscher und Venture-Kapitalist, argumentiert, China könne auf der Basis seiner technologischen Ressourcen und seiner leistungsfähigen und weitgehend autarken Industrie schneller Innovationen entwickeln als die USA (Lee 2018). Außerdem schlägt China als Antwort auf die US-Restriktionen mit den gleichen Waffen, nämlich Exportkontrollen, zurück: Die Regierung kontrolliert nun den Export von Algorithmen, die Grundlage von Apps und Programmen auf Basis Künstlicher Intelligenz. Damit ist auch der Versuch, die weltweit populäre, in China entwickelte, besonders unter Jugendlichen beliebte Video-App TikTok unter US-Kontrolle zu bekommen, gescheitert. China könnte auch die bevorstehende Übernahme des britischen Chip-Entwicklers ARM durch den US-Halbleiterkonzern Nvidia blockieren, mit Verweis auf die chinesischen Monopolbestimmungen und weil die allermeisten Smartphones immer noch in China gefertigt werden. 95% aller weltweit verkauften Smartphones basieren auf Chip-Designs von ARM. Die Übernahme von ARM durch ein amerikanisches Unternehmen würde die gesamte Smartphone-Industrie mit Schwerpunkt in China der Willkür der US-Administration ausliefern.

Entkopplung globaler Lieferketten?

Die weltweiten Produktions- und Finanznetze, die in den letzten 30 Jahren entstanden sind, schienen bis vor Kurzem resistent gegen staatliche Kontrolle und galten als Garanten für weltweite Prosperität und Frieden. So die Vision des US-Journalisten Thomas L. Friedman in seinem Bestseller »Die Welt ist flach«. Mittlerweile werden diese Netze als Waffen auf einem komplexen Schlachtfeld eingesetzt. Dabei geht es zunächst um die Entkopplung der industriellen und logistischen Lieferketten. Die globalen Lieferketten mit China im Zentrum sollen zerlegt werden. Das betrifft in erster Linie die Lieferketten der Elektronikindustrie. Möglicherweise stehen wir vor einer Neuordnung des Technologiesektors, der in US- und China-zentrierte Lieferketten aufgespalten wird. Entstehen könnten dann zwei rivalisierende Netzwerke mit globalem Einfluss. Die Kunden in Europa, Asien, Afrika oder Lateinamerika müssen sich dann entscheiden und stehen entweder in der Einflusszone von US- oder von chinesischen Lieferanten.

»In der Elektronikindustrie ist es Konsens, etwa 30% der Produktion aus China abzuziehen, jeweils abhängig davon, wie wichtig der US-Markt ist. Jeder Hersteller braucht einen Plan dafür. Apple ist der letzte und am langsamsten bei der Verlagerungsplanung. Alle anderen planen viel aggressiver«, zitiert TechScroll Asia (3.7.2019) einen Supply-Chain-Spezialisten. Samsung hat sein letztes chinesisches Smartphone-Werk in Huizhou im Perlflussdelta mit 6.000 Beschäftigten geschlossen. Neue Samsung-Werke zur Belieferung des Weltmarkts entstehen in Vietnam und demnächst auch in Indien. Allerdings spielt Samsung auf dem weltgrößten Markt für Smartphones keine entscheidende Rolle mehr; dessen Marktanteil in China ist auf ein Prozent gefallen.

Zur Entkopplung gehört auch die eingeschränkte Visa-Vergabe für chinesische Studenten in den USA. Diese hat sich unter der Trump-Administration halbiert. Zum Hintergrund: Bislang war es für die Kinder aus der Führungsriege und der Mittelklasse ein wichtiger Teil der Karriereplanung, in den USA zu studieren. Absolventen mit chinesischem Pass stellten zeitweilig fast die Hälfte aller neu eingestellten Fachkräfte im Silicon Valley.

Kurzfristig hat die von den USA forcierte Entkopplung von Lieferketten und Finanzströmen negative Auswirkungen nicht nur auf das Wachstum und die Beschäftigung in China, sondern wahrscheinlich auch auf die Produktivität: Wenn das Land von internationalen Verbindungen abgeschnitten wird, also weniger Zugang zu anderen Technologien und Fachkräften hat, könnte Chinas Produktivität leiden, so das Kalkül der US-Strategen und die Einschätzung vieler westlicher Ökonomen. Dagegen betonen chinesische Ökonomen wie Zhang Xiaobo von der Peking-Universität die längerfristigen Chancen, mit anderen aufstrebenden Ländern zusammenzuarbeiten und verstärkt eigene Technologien zu entwickeln.

Außerdem dauert die Entkopplung der hoch komplexen Lieferketten Jahre, speziell in der Elektronikfertigung. In China konzentrieren sich die globalen Kapazitäten in der Elektronikindustrie, nach Schätzungen in Höhe von mehr als 50%. Nur in chinesischen Ballungszentren können binnen weniger Wochen zehntausende Arbeiter angeheuert werden, z.B. für die Markteinführung der nächsten iPhone-Generation. Shenzhen im Perlflussdelta gilt zudem als das einzige Cluster weltweit, wo für die Entwicklung eines neuen Elektronikprodukts das komplette Know-how von Software über Chips und Displays bis zur Fertigungstechnologie vorhanden ist. So etwas ist kaum ersetzbar.

2019 erließ Präsident Trump eine sehr allgemein und unspezifisch formulierte Anordnung zur Sicherung technologischer Lieferketten im Interesse der nationalen Sicherheit der USA. Laut Economist (22.8.2020) warnte der IBM-Konzern, das US-Handelsministerium könne nach dieser Anordnung unter Berufung auf die Bedrohung der nationalen Sicherheit faktisch jede Transaktion von US-Unternehmen der staatlichen Kontrolle unterstellen. Das würde zu einer substanziellen Entflechtung der US-Unternehmen von den globalen Märkten führen, ihre Wettbewerbsfähigkeit reduzieren, Arbeitsplätze gefährden und das Wachstum der amerikanischen Volkswirtschaft bedrohen. Ein Eigentor der US-Wirtschaftskrieger!

Deutsche Doppelstrategie: China als Partner und Rivale

Die politischen und wirtschaftlichen Eliten in Deutschland und in dem von diesen dominierten Europa stecken in einem Dilemma: Einerseits ist China ein riesiger Absatzmarkt für Autos, Maschinen etc. aus Deutschland und Europa und ist neben den USA Schwerpunkt der deutschen Auslandsinvestitionen.

Andererseits soll der Konkurrent möglichst nicht noch größer und mächtiger werden. Gleichzeitig ist China wiederum nützlich für eine multipolare Weltordnung als Antwort auf »America first«. Dieses Dilemma spiegelt sich in den Stellungnahmen der deutschen Wirtschaftsverbände, in dem 2019 veröffentlichten Industrieprogramm der Bundesregierung, in der geänderten Außenwirtschaftsverordnung und in den China-Initiativen der EU.

Deutschlands Aufstieg zur Führung in Europa beruht vor allem auf der starken industriellen Basis und der Exportorientierung der deutschen Wirtschaft. Zwar ist China inzwischen Exportweltmeister. Aber 50% der gesamten deutschen Wirtschaftsleistung (BIP) gehen in den Export. Das ist Weltspitze. In den USA sind es nur 12%, in China 23%. In der Finanz- und Eurokrise konnte Deutschland die Position in Europa und auf dem Weltmarkt weiter stärken, unter anderem, weil die deutschen China-Exporte dank der chinesischen Konjunkturprogramme explodierten. China ist inzwischen Deutschlands wichtigster Exportmarkt und Handelspartner. Die Kehrseite der deutschen Exportlastigkeit ist ein Überschuss von 8% in der Leistungsbilanz, dem Verhältnis der Zahlungszuflüsse aus den Exporten von Waren- und Dienstleistungen und dem Kapitalimport einerseits und den Importen von Waren und Diensten und dem Kapitalexport andererseits.

Weil das deutsche Erfolgsmodell auf dem Export beruht, gehört ein Plädoyer für den freien Handel und gegen Protektionismus zu den Redebausteinen eines jeden deutschen Politikers. Die deutsche Politik und Wirtschaft positionieren sich nicht offen gegen China. Denn es steht im China-Geschäft zu viel auf dem Spiel. 40% des Weltumsatzes des VW-Konzerns und über 25% bei BMW und Daimler werden dort erzielt. Nach Schätzungen erwirtschaftet die deutsche Autoindustrie sogar die Hälfte ihrer Profite in China. Ähnliches gilt für den Maschinenbau und für die chemische Industrie. Deshalb haben die deutschen Konzerne keine Freude am US-Wirtschaftskrieg. Und es wachsen die Sorgen um den US-amerikanischen Markt, weil die Protektionisten auch mit Strafzöllen auf Autos aus Deutsch-Europa drohen.

»Made in China 2025« – Bedrohung für die deutsche Industrie?

Die deutschen Eliten sehen durch China speziell Deutschlands Stellung als industrielle Vormacht bedroht. Denn das Land will mit seinen industriepolitischen Programmen wie »Made in China 2025« u.a. bei alternativen Antrieben, Robotik oder Künstlicher Intelligenz weiter vorankommen und in diesen Branchen international wettbewerbsfähige Konzerne aufbauen. Im Jahr 2049, 100 Jahre nach Gründung der Volksrepublik, soll es ein führendes Industrieland sein. Das ist eine Aufholjagd mit Ansage.

Hoch gehen die Wogen der China-Hysterie in der deutschen Öffentlichkeit immer dann, wenn es ums Tafelsilber geht, wenn also chinesische Firmenkäufer wieder eine vorgebliche Technologieperle aus Deutschland im Visier haben. Die Angst: Erst reißt sich China die Technologie unter den Nagel, dann sind die Arbeitsplätze weg, und der Industriestandort Deutschland geht kaputt. Als 2017 der chinesische Privatkonzern Midea, in China und Asien bislang durch Haushaltsgeräte und Klimaanlagen bekannt, den deutschen Roboterbauer Kuka übernahm, klingelten in Berlin die Alarmglocken. China kaufe sich gezielt die Perlen der deutschen Industrie zusammen. Überall wurde der chinesische Staat als Drahtzieher und Finanzier gewittert, politische Gegenmaßnahmen wurden gefordert. Der Fall Kuka geistert immer noch durch die Medien, auch wenn inzwischen klarer ist, dass die chinesischen Käufer laut Manager Magazin (2/2019) den früheren Kuka-Hauptaktionären viel zu viel Geld für den Roboterhersteller gezahlt haben.

Doch es ist fraglich, ob China sich durch Firmenkäufe in Deutschland die Technik von morgen sichern kann oder das überhaupt will. Die neuen Technologien lerne China nicht von Kuka, sondern an den Universitäten im Westen, von denen jährlich fast eine halbe Million Studenten nach China zurückkehren, erklärte IFO-Wissenschaftler Gabriel Felbermayr (FAS, 3.2.2019). Er bezeichnete die Diskussionen über Kuka oder andere Firmenübernahmen als »komplett evidenzbefreit«. Komplexes Know-how könne nicht einfach per USB-Stick abgezogen und transferiert werden. Die langfristigen Absichten der chinesischen Firmenkäufe in Deutschland bestehen in der Erweiterung und Abrundung des Produktportfolios und in einer Blaupause von Produktionslinien für den chinesischen Markt. Es gibt bislang keinen einzigen Fall, in dem Arbeitsplätze einfach nach China verlagert wurden und in Deutschland leere Hallen und Entwicklungsbüros zurückblieben.

Denn industriepolitische Programme wie »Made in China 2025« sind zunächst vor allem Vorgaben für die weitere Entwicklung im Land, für die Provinz- und Regionalregierungen, für die Finanzierung durch staatliche Banken etc. Die wildwüchsige Entwicklung in Chinas Staatskapitalismus soll gesteuert werden, indem einerseits Schwerpunkte gesetzt und andererseits bestimmte Branchen wie etwa die Bau- oder die Schwerindustrie nicht erwähnt werden. Chinas wirtschaftliche Entwicklung war bislang nicht ausbalanciert, in vielen Sektoren gibt es Überkapazitäten und Verzerrungen. Außerdem ist die chinesische Industrie international keinesfalls überall wettbewerbsfähig, sondern ein bunter Flickenteppich von Hinterhofbetrieben auf dem Niveau von »Industrie 1.0« bis hin zu hochproduktiven, automatisierten Fabriken. Die flächendeckende Modernisierung der chinesischen Industrie dauert noch viele Jahre.

2019 veröffentlichte der Bundesverband der Deutschen Industrie BDI 55 Forderungen an die Bundesregierung und an die EU-Kommission (BDI 2019).

Die Botschaft lautet: Die deutsche Industrie will weiter in China verkaufen und investieren, verlangt aber den Abbau aller Hemmnisse fürs Geschäft – also Öffnung bislang staatlich geschützter Branchen für ausländische Investitionen, den Schutz der Technologien, Transparenz, keinen Zwang mehr zu Joint Ventures mit chinesischen Partnern, die Beteiligung an öffentlichen Ausschreibungen etc. Die Politik müsse Europa »im Wettbewerb mit China stärken«, das vom Partner zum aggressiven Herausforderer geworden sei. Das Mantra der Wirtschaftslobbyisten gegenüber China lautet: Reziprozität. Die deutsche Wirtschaft, die in China bislang bestens gefahren ist, will in der Volksrepublik die gleichen Spielregeln, wie sie die chinesische Wirtschaft in Deutschland vorfindet. Das klingt nach Fairness, passt aber nicht zum zeitweiligen Ausgleich der unterschiedlichen Interessen der verschiedenen Volkswirtschaften. Zudem ist im Detail nicht erkennbar, welche angeblich unfairen Regeln das boomende deutsche China-Geschäft bislang behindert haben.

Jedenfalls ist Chinas wirtschaftlicher Aufstieg mittlerweile zu einem beherrschenden Thema der deutschen Wirtschafts- und Sicherheitspolitik geworden. Die CDU-Vorsitzende Annegret Kramp-Karrenbauer gab die Richtung vor: »Festzulegen, wo wir aus Sicherheitsinteressen etwa chinesische Investoren nicht mehr zulassen ... Das zweite sind europäische Gemeinschaftsunternehmen, die so stark sind, dass sie im internationalen Wettbewerb mithalten können.« (FAS, 3.2.2019) Der Europa-Chef von Goldman Sachs sekundierte: »Unternehmen müssen sich fragen: Sind wir noch gleichberechtigte Partner? Oder steht dem einzelnen privaten Unternehmen eine gigantische, großenteils staatlich gelenkte Wirtschaft und ihre Institutionen gegenüber? Wenn Europa keine einheitliche Position, keinen Rahmen findet für die Wirtschaftsbeziehungen mit China, werden sich die einzelnen Unternehmen schwertun.« (Ebd.)

Ex-Außenminister Sigmar Gabriel: »In Zukunft wird es voraussichtlich immer schwieriger, an China ›vorbeizuarbeiten‹. Noch bestehen die Möglichkeiten für eine gute Zusammenarbeit. Deutschland sollte diese Chancen nutzen und den Multilateralismus unterstützen, der sich mit Chinas Unterstützung entwickelt. Das bedeutet, einerseits wirtschaftliche Bündnisse innerhalb der EU zu schmieden, um sich mit den massiv geförderten staatlichen Konzernen der Volksrepublik messen zu können. Andererseits sollten wir weiterhin direkte Geschäftskooperationen eingehen.« (Handelsblatt, 17.10.2018)

Die Bundesregierung hat geliefert: Im Dezember 2018 hat sie die Außenwirtschaftsverordnung novelliert. In dieser Verordnung ist auch geregelt, wie mit Investitionen von außerhalb der EU in der deutschen Wirtschaft zu verfahren ist. Bislang gab es eine Schwelle von mindestens 25% der Unternehmensanteile bei sicherheitsrelevanten und infrastrukturell wichtigen Unternehmen, bei der der Kauf der ministeriellen Genehmigung bedurfte. Jetzt ist die Schwelle auf 10% abgesenkt. Intern heißt diese Verordnung auch »Lex China«.

Was aber sicherheitsrelevant oder infrastrukturell wichtig ist, ist nicht näher definiert und unterliegt damit ad-hoc-Entscheidungen. In der Wirtschaft, vor allem auch bei verkaufsbereiten Mittelständlern, wird die Novellierung kritisiert, weil sie in die Rechte der Eigentümer eingreife, vor allem, weil sie die Verkaufspreise drückt. Denn potenziell chinesische Firmenkäufer, die in der Vergangenheit immer einen erheblichen »China-Aufschlag« gezahlt haben, werden abgeschreckt.

Bundeswirtschaftsminister Peter Altmaier legte 2019 nach und verkündete ein »Industriepolitisches Programm Deutschland 2030«. »Man muss nicht lange raten, in welche Richtung das vor allem zielt: In erster Linie geht es gegen China, daneben auch gegen amerikanische Internetgiganten, denen Europa jedoch wenig entgegensetzen kann.« (FAS, 3.2.2019) Nach dem Vorbild von Airbus will Altmaier neue Weltmarktführer in Deutschland und Europa. Das Überleben von Siemens, ThyssenKrupp, Deutscher Bank und den Autokonzernen liege »im nationalen Interesse«. Der Staat soll Übernahmen aus dem Ausland leichter verhindern können. Über einen noch zu schaffenden Fonds soll der deutsche Staat gegebenenfalls selbst investieren und Übernahmen aus China verhindern.

Kapitel 6
Huawei: Vom kleinen Telefonimporteur zur Bedrohung für die Welt?

Wer die Dominanz der Länder des Westens und die Überlegenheit der westlichen kapitalistischen Systeme nicht für gottgegeben hält, sondern als zeitweiliges Ergebnis einer historischen Entwicklung, den kann der wirtschaftliche und politische (Wieder-)Aufstieg Chinas mit seiner riesigen Bevölkerungszahl auch nicht verwundern. Erstaunlich ist allerdings, wie sehr der Westen, allen voran die USA, den eigenen relativen wirtschaftlichen und technologischen Abstieg befördert haben und das auch weiterhin tun – in der neoliberalen Verblendung, dass der Markt schon alles regelt, in ideologischer Hybris. Die Erfolgsgeschichte des chinesischen Huawei-Konzerns, der in der Telekommunikation international führend ist, ist ein Beispiel dafür.

In der schrillen öffentlichen Diskussion um Huawei bündeln sich die westlichen Vorurteile gegen China und die Chinesen. Der Technologiekonzern ist eine der erfolgreichsten chinesischen Firmen. Wenig überraschend steht Huawei daher etwa für den Kommentator der Süddeutschen Zeitung unter dem Generalverdacht, »im Dienste der KP« (Süddeutsche Zeitung, 4.11.2019) zu agieren. Huawei gefährde die nationale Sicherheit in den Ländern des Westens.

Das Unternehmen ist nur ein Beispiel für viele Tausend andere, international erfolgreiche chinesische Unternehmen. Aber weil es weltweit begehrte Schlüsseltechnologien entwickelt und produziert, steht es im Zentrum des Konflikts zwischen den USA und China. Huawei – der Name bedeutet »chinesischer Stolz« – wurde 1987 von einem ehemaligen Offizier der chinesischen Armee gegründet. Der machte sich in Shenzhen, der Nachbarstadt von Hongkong, als Importeur von in China damals sehr gefragten modernen Telefonanlagen, Faxgeräten etc. selbständig. Aus dem Import- und Servicegeschäft entstand bald die Entwicklung von eigenen Produkten, die mit den importierten Anlagen technisch mithalten konnten und die internationalen Standards erfüllten, aber deutlich günstiger waren.

Huawei ist heute durch seine vergleichsweise günstigen, aber technisch führenden Mobilfunkanlagen weltweit Marktführer in der Telekommunikation. In den Ländern des globalen Südens hat der Konzern den schnellen Aufbau der Mobiltelefonie ermöglicht. Fast die Hälfte des Umsatzes entfällt inzwischen auf Smartphones, Tablets und andere Haushaltsprodukte.

Huawei ist ein nicht börsennotiertes Privatunternehmen, dessen Anteile von den chinesischen Huawei-Mitarbeitern gehalten werden. Weltweit hat der Konzern 180.000 Beschäftigte mit Niederlassungen und Entwicklungszentren in der ganzen Welt, in Deutschland in Düsseldorf und München. Obwohl formal im Eigentum der chinesischen Beschäftigten, gilt das Unternehmen als nicht besonders arbeitnehmerfreundlich: Das belegen Konflikte und Gerichtsverfahren nicht nur in China, sondern auch in Deutschland, wo es nicht mal Betriebsräte gibt.

Auf seiner offiziellen Homepage setzt sich die Firma ausführlich mit dem Generalverdacht auseinander, der aktuell in den politischen Zirkeln und Medien im Westen zirkuliert. Im Rest der Welt gibt es diese Vorbehalte übrigens nicht. Das Problem: Fakten helfen wenig gegen den ideologisch aufgeladenen Generalverdacht in dieser und auch insgesamt allen China-Debatten im Westen. Überall wird der lange Arm der KP imaginiert. Trotzdem im Folgenden der Versuch einer sachlichen Klarstellung.

Spionagevorwürfe ohne Belege

Die Behauptungen und Vorwürfe von westlichen Politikern und Medien, Huawei sei ein Werkzeug der KP und ermögliche dem chinesischen Staat die Spionage, sind ohne jeden Beleg. Sie passen in die von den Eliten im Westen gepflegte Erzählung über das zunehmend aggressive und autoritäre China. Da hilft es auch nicht, dass Ren Zhengfei, der Chef des Konzerns, schon im Sommer 2019 erklärt hatte, er sei bereit, das komplette 5G-Know-how an einen Käufer aus dem Westen abzugeben. In einem ungewöhnlichen Schritt bot er damals an, in einer Transaktion die gesamten 5G-Patente, Lizenzen, Programmcodes, Baupläne etc. an einen interessierten Käufer zu veräußern (Economist, 14.9.2019). Der Käufer könnte seinerseits die Software für die Telekom-Infrastruktur so verändern, dass weder Huawei noch die chinesische Regierung irgendeine hypothetische Kontrolle über die Software hätten. Damit könnte neben Huawei und den skandinavischen Konzernen Ericsson und Nokia ein vierter Telekom-Anbieter mit dem kompletten Angebot an Antennen, Basisstationen und Servern entstehen.

Analysten bezeichneten das Angebot von Huawei als einmalig in der Technologiegeschichte. Die Entscheidungen über Telekom-Investitionen wären wieder Unternehmens- und keine politischen Entscheidungen mehr. Aber der clevere Versuch, vorgebliche Besorgnisse um die Gefahren für die nationale Sicherheit zu zerstreuen und von der Diskussion um die technologische Dominanz bei 5G zu trennen, fand keine Resonanz. Westliche Medien nahmen kaum Notiz davon. Weder die US-Regierung noch US-amerikanische oder andere westliche Konzerne gingen auf das Angebot ein oder testeten es gar auf seine Seriosität.

Die USA werden ihren Vernichtungsfeldzug nicht einstellen. Denn es geht nicht nur um die angebliche Spionage, sondern um den Erhalt der technologischen und damit politischen und militärischen Dominanz der USA. Diese ist erstmals seit Langem gefährdet, und das bei einer Basistechnologie der mobilen Kommunikation. Im Krieg gegen Huawei setzen die USA immer schärfere Mittel ein. Nach der Entscheidung des US-Handelsministeriums vom Mai 2020 muss künftig jedes Unternehmen weltweit, das für den Konzern spezielle Halbleiter auf Basis von Produktionsanlagen oder Software aus den USA entwickelt oder fertigt, dafür künftig bei der US-Regierung eine Lizenz beantragen. Im August 2020 legte die US-Regierung nach: Ohne offizielle Erlaubnis der US-Regierung kann keine Firma mehr irgendwelche Chips an Huawei verkaufen, sofern US-Software oder auch Maschinen aus den USA bei der Chipentwicklung und -produktion eingesetzt werden. In der hochgradig globalisierten und arbeitsteiligen Halbleiterbranche trifft man bei den komplexen Entwicklungs- und Produktionsprozessen aber irgendwann unvermeidlich auf Technologien aus den USA, die in diesem Sektor immer noch eine technologische Spitzenstellung haben. Mit der weiteren Verschärfung ihrer Sanktionen hat die US-Regierung ein Schlupfloch geschlossen, das es Huawei bislang erlaubte, standardisierte Chipsets für seine Smartphones von den Lieferanten Samsung oder MediaTek zu kaufen. Die werden nämlich nicht nach spezifischen Huawei-Designs gefertigt und fielen damit bislang nicht unter die US-Sanktionen.

Für den Weltkonzern geht es nach den neuesten US-Sanktionen ums Überleben. Denn keine Chipentwicklung und -fertigung funktioniert z.B. ohne Anlagen der US-Maschinenbauer Lam Research oder Applied Materials und ohne Software von Cadence, Mentor oder Synopsis aus den USA. Vor allem TSMC (Taiwan) und SMIC (China) produzieren derzeit Chips im Auftrag von dem chinesischen Konzern.

Schon im Sommer 2019 hatte die US-Regierung allen US-Konzernen und ausländischen Technologiekonzernen mit US-Geschäft Geschäftsbeziehungen mit Huawei untersagt. Der Bann traf vor allem das Privatkundengeschäft, die Huawei-Smartphones und Tablets, in denen u.a. Chips von der US-Firma Qualcomm und der britischen Firma ARM verbaut sind und deren Glas von Corning aus den USA kommt. Der Bann aus Washington traf aber auch die Android-Plattform von Google. Huawei darf die Google-Plattform nicht mehr nutzen. Es ist nur eine Frage der Zeit, bis eine neue mobile Plattform des Konzerns dem Google-Produkt Konkurrenz machen wird.

Das eigentliche Problem für Huawei und seine Kunden ist aber die Ausrüstung für die Mobilfunknetze, besonders die neuen 5G-Netze. Denn in den Antennen, Basisstationen und Backbone-Servern sind spezielle, vom Konzern selbst entwickelte anwendungsspezifische Halbleiter (Asics) verbaut, deren Produktion unter die neuen US-Sanktionen fällt. Die Mobilfunkkonzerne in der ganzen Welt, die meisten sind Kunden von Huawei, müssen sich nach diesen neuen US-Sanktionen fragen, ob sie sich auf ihren Lieferanten künftig noch verlassen können.

Die britische Regierung hat inzwischen entschieden und unter dem Druck der USA eine Kehrtwende hingelegt. Mit Verweis auf die neuesten US-Sanktionen hat sie dekretiert, dass bis 2027 Huawei-Ausrüstung nicht nur aus den 5G-Netzen, sondern komplett aus allen britischen Mobilfunknetzen zu verschwinden hat. Einer der britischen Geheimdienste hatte noch 2019 dem Konzern attestiert, die Produkte des Konzerns seien unbedenklich für die nationale Sicherheit. Jetzt begründete ein früherer Geheimdienst-Chef das Umdenken in London ganz praktisch mit den neuen US-Sanktionen: Diese würden die Zuverlässigkeit der Netzprodukte von Huawei gefährden. Man wisse ja nicht mehr, von wem Huawei in Zukunft seine Bauteile beziehe.

Ende 2020 steht auch die Entscheidung der Bundesregierung über die Ausrüster für die neuen 5G-Netze an. Bislang hatte die Bundesregierung trotz massivem Druck aus Washington erklärt, ausschließlich technische und wirtschaftliche Erwägungen seien für die Auswahl der 5G-Lieferanten ausschlaggebend, nicht das Herkunftsland. Die deutsche Entscheidung dürfte die Position der meisten EU-Regierungen beeinflussen.

Ein Blick zurück: Die einstige Dominanz Europas im Mobilfunk

Um den US-Vernichtungskrieg gegen Huawei besser zu verstehen, muss man etwas ausholen. Die erst wenige Jahrzehnte alte Historie des Mobilfunks ist ein Lehrstück, wie Europa, die USA und die anderen westlichen Länder unter dem Diktat der neoliberalen Ideologie und des finanzgetriebenen Kapitalismus ihre technologische und industrielle Führung auf vielen Gebieten abgegeben und damit den Aufstieg Chinas und der chinesischen Unternehmen gefördert haben.

Die Erfolgsgeschichte des digitalen Mobilfunks begann 1990. Die in der Europäischen Konferenz der Verwaltungen für Post und Telekommunikation (CEPT) zusammengeschlossenen europäischen Post- und Fernmeldebehörden beschlossen einen gemeinsamen Standard für die digitale Mobiltelefonie, das Global System for Mobile Communication (GSM), auch Mobilfunk der zweiten Generation (2G) genannt. Die neuen digitalen Netze lösten einen Flickenteppich von analogen, inkompatiblen Mobilfunknetzen mit sehr begrenzter Kapazität, unpraktischen Mobiltelefonen und einem überschaubaren Kundenkreis ab. In Deutschland ersetzten die D-Netze (D1: Telekom, D2: Mannesmann Mobilfunk) das analoge C-Netz.

Der neue europäische Standard setzte sich international durch, ein fast in Vergessenheit geratener Erfolg europäischer Technologie- und Industriepolitik. Mit der Digitalisierung von Sprache, Musik oder Bildern verschmolzen Kommunikations- und Computertechnik. Die Zahl der gleichzeitig möglichen Verbindungen erhöhte sich exponenziell. In der mobilen Kommunikation entstand ein Riesenmarkt mit ganz neuen Produkten und Dienstleistungen. Dieser Schub der Produktivkräfte hat die Produktionsverhältnisse in vielen Wirtschaftszweigen umgewälzt. Etablierte Branchen und quasi monopolistische Lieferanten verschwanden, neue Anbieter und Geschäftszweige entstanden. Weltweit drängte Kapital in diesen Sektor. Fast überall wurden die staatlichen Telefonmonopole privatisiert. Deren jahrzehntelange Symbiose mit ihren Hauslieferanten (in der alten Bundesrepublik die »Amtsbaufirmen« Siemens, SEL oder T&N) war vorbei.

Der weltweite Siegeszug der Mobiltelefonie begann. Viele Länder der kapitalistischen Peripherie, die nicht das Geld für eine Festnetzinfrastruktur mit landesweiter Abdeckung hatten, starteten ohne Umwege mit der digitalen Mobiltelefonie. Die kostet nur einen Bruchteil einer leitungsgebundenen Netzinfrastruktur. Deshalb ist das Mobiltelefon in großen Teilen Afrikas, Asiens und Lateinamerikas das erste Kommunikationsmittel überhaupt, das Menschen in entlegensten Gebieten miteinander verbindet und den Kontakt zu Märkten, Bildungseinrichtungen oder Kliniken ermöglicht.

Aber mit GSM konnte man noch keine größeren Datenmengen übertragen. Das klappte erst mit dem 3G-Standard, auch als UMTS bekannt. 3G ermöglichte Internetsurfen, Bildübertragung und Videotelefonie. Zehn Jahre später, 2010, kamen mit dem neuen 4G-Standard, auch unter der Abkürzung LTE (Long Term Evolution) bekannt, nochmals höhere Datenraten und schnellere Ladezeiten. Jede neue Generation des Mobilfunks bedeutet, dass die Mobilfunkfirmen für viele Milliarden ihre Antennen, Basisstationen und Rechenzentren erneut auf- und umrüsten müssen. Doch die hielten sich zuletzt mit den nötigen Investitionen zurück, zumal sie noch die für die teuer ersteigerten Funklizenzen verdauen mussten. Das ist einer der Gründe für die mangelnde Qualität und die unzureichende Netzabdeckung des Mobilfunks in Deutschland.

Wird 5G das Nervensystem moderner Volkswirtschaften?

Seit 2019 bauen Mobilfunkkonzerne in verschiedenen Teilen der Welt die ersten Netze nach dem neuen 5G-Mobilfunkstandard auf, landesweit beispielsweise in Südkorea und China. 5G ist in der Technikhistorie die fünfte Generation des Mobilfunks. Bislang hat das mobile Internet die Entwicklung immer neuer Mobilfunkgenerationen mit höheren Datengeschwindigkeiten und immer mehr Datenvolumen für die Nutzer angetrieben. Aber 5G ist weit mehr als eine inkrementelle Weiterentwicklung des digitalen Mobilfunks. Zwar können mit 5G Daten nochmals 50- bis 100-mal schneller übertragen werden als bei 4G (LTE). Das sind ca. ein Gigabit oder eine Milliarde Bits pro Sekunde. Privathaushalte oder auch Büroarbeiter brauchen solche 5G-Geschwindigkeiten jedoch nicht. Nach einer Studie über den Internet-Traffic in der Redaktion des Wall Street Journals nutzten die Reporter nur einen Bruchteil des unter 4G verfügbaren Datenvolumens, auch wenn sie mehrere Video-Streams gleichzeitig schauten (Economist, 24.8.2019). Allenfalls beim Hochladen von Bildern und Videos und bei Online-Computerspielen dürfte mit 5G ein Unterschied zu 4G erkennbar sein.

Der eigentliche Nutzen von 5G ist ein kommerzieller: 5G soll die Nervenbahnen der Wirtschaft modernisieren, die Digitalisierung der Industrie und das autonome Fahren ermöglichen und dem Militär bei der künftigen digitalen Kriegsführung helfen. Denn 5G kann 100-mal mehr Endgeräte pro Basisstation vernetzen als der bisherige Standard 4G.[1] Dabei geht es nicht um Smartphones oder Tablets, also die gängigen Mobilfunk-Endgeräte. Vielmehr geht es um Fahrzeuge, Maschinen, Anlagen und Roboter, aber auch Ampeln oder Stromzähler, die über Mobilfunk untereinander kommunizieren sollen. 5G soll ganz neue zivile, aber auch militärische Anwendungen ermöglichen.

Eine kleine Auswahl: Durch mobiles Breitband und damit eine um ein Vielfaches höhere Datenrate werden medizinische Eingriffe (Telemedizin) über das Netz möglich. Technische Zeichnungen können blitzschnell auf die Datenbrille eines Servicespezialisten übertragen werden. Militärische Drohnen können auf Basis aktueller Bilder zu potenziellen Zielen gesteuert werden. 5G ermöglicht drahtlose Echtzeitkommunikation zwischen Maschinen und Anlagen bei höchster Verfügbarkeit und minimalster Verzögerung. Das ist elementar für die Industrieautomatisierung. Per Mobilfunk können ganze Produktionsanlagen und mobile Roboter konfiguriert werden. Auch die Steuerung autonomer Fahrzeuge in den Häfen oder auf einem Werksgelände muss in Echtzeit erfolgen. In der industrialisierten Landwirtschaft brauchen autonome Landmaschinen schnellen Mobilfunk und durchgängige Netzabdeckung. 5G kann im »Internet der Dinge« (Internet of Things, IoT) Milliarden Geräte vernetzen, die nur ab und zu und äußerst energieeffizient geringste Datenmengen senden und empfangen. Unter dem Begriff »Smart City« werden heute schon Anwendungen für Wasseruhren, Verkehrsampeln oder Stromzähler, für Parkleitsysteme oder die Straßenbeleuchtung getestet.

5G soll also die Basistechnologie für modernste Kommunikationsinfrastrukturen werden. Aber ob 5G wirklich alternativlos ist, damit aus Technologien

[1] Eine übersichtliche Darstellung der 5G-Technik findet sich bei Dušan Živadinovic: Die Technik hinter 5G: So funktioniert das neue Funknetz, Heise-online, 2.4.2019, unter: www.heise.de/-4355865.

wie autonomes Fahren, Industrie 4.0, Smart Home oder Smart City ein profitables Geschäft wird, ist eine andere Frage. Ein eindeutiger »business case« für 5G existiert bislang nicht. Auch mit 4G-Mobilfunk können Tausende Sensoren in einer Produktion vernetzt werden. Kostenlose WiFi- oder Bluetooth-Netze sind auch für zeitkritische Anwendungen machbar. In seinem Buch »The 5G Myth« vergleicht William Webb deshalb die Wetten auf immer schnellere Datengeschwindigkeiten mit der Luftfahrtbranche: »5G könnte enden wie die Concorde – ein Meisterstück der Ingenieurskunst mit Nutzen nur für eine winzige Minderheit.« (Webb 2018)

In den nächsten Jahren werden geschätzt etwa 1.000 Mrd. US-$ in 5G-Netze investiert. Unternehmen und Länder, die als erste 5G anwenden, setzen die globalen Standards und haben Konkurrenzvorteile. Der schnelle 5G-Ausbau in China wird den weltweit größten Markt mit geschätzt 600 Millionen privaten 5G-Nutzern im Jahr 2025 schaffen. Mit 5G will China seine Industrie weiter modernisieren und noch wettbewerbsfähiger machen. Das offen diskutierte Kalkül der Staatsplaner: Ein Teil der installierten Produktionsbasis etwa in Deutschland kann nicht mit der hohen Präzision mithalten, die künftig mit 5G-gesteuerte Anlagen in China liefern können.

Aber bis aus 5G das große Geschäft für die Mobilfunkfirmen wird, können noch einige Jahre vergehen. Das zeigt die Geschichte des Mobilfunks: Als das mobile Internet endlich für den großen Durchbruch sorgte, hatten die Mobilfunkkonzerne über viele Jahre schon viele Milliarden investiert.

Das Wettrennen um 5G

Ob und wann 5G tatsächlich zum Nonplusultra der Kommunikation wird, ist aus heutiger Sicht schwer zu beurteilen. Sicher ist aber, dass der chinesische Konzern dabei eine große Rolle spielt. Damit hat der Westen ein Problem. Der Konzern machte 2019 123 Mrd. US-$ Umsatz und ist beim Verkauf von Smartphones nach Stückzahlen global die Nummer zwei. Vor allem führt er bei Mobilfunknetzen – deutlich vor Ericsson und Nokia – mit einem Marktanteil von fast 36% Anfang 2020. Im Februar 2020 hatte Huawei bereits 91 Verträge für 5G-Ausrüstung mit Netzbetreibern auf der ganzen Welt abgeschlossen, davon 47 in Europa und 27 in Asien. Der Konzern ist preislich günstig und technologisch hervorragend. 2018 investierte er 15,1 Mrd. US-$ in Forschung und Entwicklung, mehr als doppelt so viel wie die skandinavische Konkurrenz zusammen. Die meisten 5G-Patentanmeldungen entfallen auf Huawei.

Führend ist Huawei auch bei der Entwicklung von Chips, Sensoren und Software für Cloud-Produkte, Künstliche Intelligenz und industrielles Internet, um Produktion und Logistik mit dem Internet zu verbinden. Allein der Markt für

Abb. 13: Huawei und 5G

5G-Marktanteile
Q1 2020 (%)

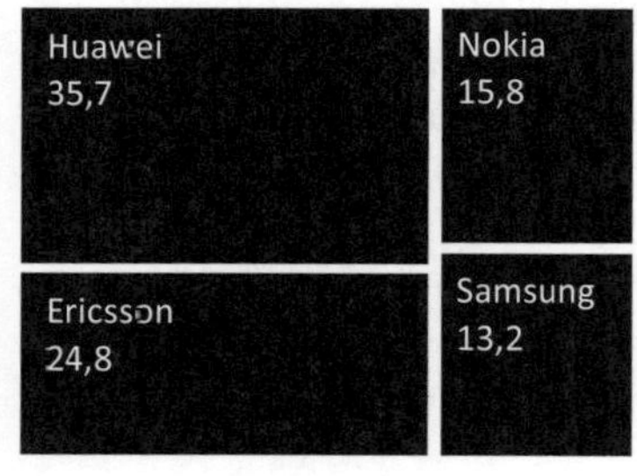

Quelle: Financial Times, 4.10.2020

Einnahmen von Huawei nach Segmenten
in Remnibi Mrd., 2019

500
400
300
200
100
0
Verbraucher-markt
Carrier-Business
Unternehmen
andere

Quelle: Huawei Annual Report 2019

das industrielle Internet umfasste 2018 44 Mrd. US-$ mit jährlichen Wachstumsraten von 25%. In China, der »Fabrik der Welt«, kann der Konzern die neuen Standards setzen, denn anders als beim 5G-Mobilfunk gibt es für diese Sparte noch keine allseits akzeptierten Richtlinien. Beim industriellen Internet steht er mit seiner Cloud-Plattform OceanConnect in direkter Konkurrenz zum Cloud-Geschäft der US-Konzerne Google und Amazon.

Angesichts der Bedeutung der digitalen Kommunikation und speziell von 5G für den Technologiesektor und die Gesamtwirtschaft ist es erstaunlich, dass kein US-Konzern die gesamte 5G-Ausrüstung von Antennen über Basisstationen bis hin zu Backbone-Servern, den mit hohen Datenübertragungsraten verbundenen Computern und Datenbanken im Kernbereich der Mobilfunknetze, liefern kann. Kein US-Konzern kann derzeit Funkantennen für Mobilfunknetze bereitstellen. Ein Berater der Trump-Regierung: »Vor Jahrzehnten haben wir unsere Vormachtstellung bei der Telekommunikation aufgegeben. Jetzt begreifen wir, dass das vielleicht nicht das Beste für unsere nationale Sicherheit war.« (Financial Times, 9.10.2019) Die Trump-Regierung musste feststellen, dass kein US-Unternehmen mehr Radio-Equipment für die Signalübertragung zwischen mobilen Endgeräten wie Smartphones und den Mobilfunk-Basisstationen bauen kann.

Früher waren die Bell Labs, die einstige Forschungsabteilung der US-Telefongesellschaft AT&T, das Mekka der Telekommunikation. Mehrere Nobelpreisträger arbeiteten dort. Aber in den 1990er Jahren liberalisierten die USA die Telekommunikation – genauso wie Deutschland, Großbritannien und andere

Länder. Plötzlich gab es für die etablierten Netzausrüster wie das aus den Bell Labs hervorgegangene Unternehmen Lucent Technologies neue Konkurrenten in einem deregulierten Markt. Der riesige chinesische Markt bot um die Jahrtausendwende einen Ausweg: Die Chefs der weltweit größten Netzausrüster pilgerten nach Peking und machten Zusagen, ihre Technologien und Produktionsstätten in China zu lokalisieren. Denn China verlangte für den Zutritt zum Riesenmarkt, dass chinesische Geschäftspartner und staatliche chinesische Forschungsinstitute auch Zugang zu den Technologien und zum Know-how bekamen. John Roth, damaliger Chef des kanadischen Telekommunikationsunternehmens Nortel Networks mit einer 100-jährigen Geschichte, erklärte 1999: »Wir haben eine langfristige Verpflichtung für den chinesischen Markt übernommen, dort eine lokale Telekomindustrie auf Weltniveau zu entwickeln.« (Financial Times, 1.2.2020)

Der Rest ist Historie: Nortel und andere Unternehmen, darunter auch Siemens, haben erfolgreich mitgeholfen, Chinas heutige Spitzenstellung in der Kommunikationstechnik aufzubauen. Aber die eigene Position konnten sie nicht halten. 2009 ging Nortel in die Insolvenz, viele Nortel-Forscher wechselten zu Huawei. Der oben bereits erwähnte US-Netzausrüster Lucent Technologies wurde 2006 von Alcatel übernommen und ist inzwischen Teil von Nokia. Siemens hat nach 2000 seine Telekommunikationssparte schrittweise abgewickelt. Heute gibt es neben dem Konzern nur noch zwei andere Komplettanbieter für 5G-Ausrüstung, nämlich Ericsson und Nokia. Samsung versucht gerade, sich auch als Ausrüster für die 5G-Telekommunikation zu etablieren.

Technisch offene Funkzugangsnetze (OpenRAN) als Alternativen zu herstellergebundener proprietärer 5G-Ausrüstung von Huawei, Nokia oder Ericsson sind derzeit noch in der Entwicklung. Es geht darum, Basisstationen und Backbone-Server der Funknetze mit billiger, standardisierter Hardware aus dem Regal und mit Open-Source-Software aufzubauen. Auch T-Mobile, mit der Übernahme des US-Mobilfunkanbieters Sprint aktuell vom Goodwill der US-Regierung abhängig, arbeitet daran. Technisch wird für die Mobilfunkdaten bei OpenRAN keine feste Funkverbindung mehr geschaltet (circuit-switching), sondern die Mobilfunkdaten werden als Pakete auf verschiedensten Wegen übermittelt. Diese Übertragungsform führt aber bislang zu erheblichen Leistungsverlusten, weil die Ausrüstung von verschiedenen Lieferanten nicht optimal aufeinander abgestimmt ist. Zudem würde offene 5G-Software die auf hauseigenen Technologien beruhenden lukrativen Geschäftsmodelle von US-Technologiefirmen wie Cisco und Oracle gefährden. Das ist auch der Grund, weshalb diese US-Konzerne kühl auf entsprechende Avancen des US-Verteidigungsministeriums reagiert haben, ihre proprietären Technologien zu öffnen und sich an OpenRAN-Projekten zu beteiligen.

Pikanterie am Rande: Im September 2019 hat Trump 20 Mrd. US-$ Subventionen für US-Firmen angekündigt, die ein Mobilfunknetz der fünften Generation aufbauen sollen. Trump: »Wir können nicht zulassen, dass ein anderes Land die USA in dieser zentralen Zukunftsindustrie aussticht.« Trumps Entscheidung bedeutet, dass in den USA die neue 5G-Infrastruktur für einen Frequenzbereich von 24 bis 300 Gigahertz (mmWave genannt) gebaut wird. Der ist allerdings, was Reichweite und Durchdringung angeht, dem »sub-6«-Frequenzbereich (unterhalb von sechs Gigahertz) unterlegen, der heute in der ganzen Welt und natürlich auch in China für den Mobilfunk der fünften Generation genutzt wird. Das Problem: US-Militär und -Regierung kontrollieren den größten Teil des Spektrums, die Funkfrequenzen, die überall sonst für kommerzielle Zwecke und u.a. für den Mobilfunk verwendet werden. Die Washington Post zitiert dazu einen Regierungsbeamten: »Damit gewinnen wir ein Rennen, in dem niemand sonst mitmacht, für ein 5G-Mobilfunk-Ökosystem, das sonst niemand auf der Welt nutzt.« (Josh Rogin, in: Washington Post, 18.4.2019).

5G: Neuerlicher Sputnik-Schock

Erst vor wenigen Jahren haben die US-Regierung und die Eliten in den USA festgestellt, dass die bislang unangefochtene US-Dominanz bei den digitalen und vor allem bei den mobilen drahtlosen Technologien nicht mehr existiert. Die USA sehen sich durch den »systemischen Rivalen« und speziell durch Huawei bedroht. In einem Dossier des Nationalen Sicherheitsrates der USA zu 5G heißt es lapidar: »Wir verlieren.« Der chinesische Konzern sei bei 5G führend (Defence Innovation Board 2019). »Das Land, das die 5G-Technologie besitzt, kontrolliert viele Innovationen und setzt die Standards für den Rest der Welt. Dieses Land ist gegenwärtig wahrscheinlich nicht die USA ... Chinesische Ausrüstung ist billiger und in vielen Fällen besser im Vergleich zu den westlichen Mitbewerbern.« Die USA haben nach dem Pentagon-Bericht ihre Führungsrolle u.a. wegen fehlender Investitionen verloren. China hat in den letzten fünf Jahren umgerechnet 180 Mrd. US-$ in die Mobilfunk-Infrastruktur investiert. Bis Ende 2020 sollen in China eine Million 5G-Basisstationen aufgebaut sein. Die US-Mobilfunkanbieter haben bislang 10.000 Basisstationen installiert.

Seit diesem neuerlichen Sputnik-Schock – der erste traf die USA und den Westen 1957, als die UdSSR erfolgreich als erstes Land einen Satelliten namens Sputnik in den Weltraum schickte – versuchen die USA, Chinas Vorzeigekonzern mit allen Mitteln zu vernichten. Auf Ersuchen der US-Justiz ließ die kanadische Regierung im Dezember 2018 die Huawei-Finanzchefin und Tochter des Firmengründers Meng Wanzhou in Vancouver verhaften. Sie soll gegen Iran-Sanktionen verstoßen und Industriespionage betrieben haben. Die US-Regierung verlangt von Kanada ihre Auslieferung.

Ihren Feldzug gegen den Konzern verkaufen die USA in der Öffentlichkeit mit der vorgeblichen Bedrohung ihrer nationalen Sicherheit: China könne über Hintertüren in Huawei-Produkten an sensible Daten kommen und mit Cyberangriffen kritische Infrastrukturen im Westen lahmlegen. Der Einfluss der Regierung in Peking auf chinesische Unternehmen stelle eine Bedrohung für die wirtschaftliche und nationale Sicherheit Amerikas dar, so der Direktor des Federal Bureau of Investigation (FBI) Christopher A. Wray.

Nach jahrzehntelangem Ausverkauf der Industrie in den USA und teilweise in Europa ist wieder Industriepolitik angesagt. Plötzlich soll der Staat in sicherheitsrelevanten Branchen wie der Telekommunikation eingreifen und als ideeller Gesamtkapitalist fungieren. US-Generalstaatsanwalt William Barr schlug im Februar 2020 vor, die USA und ihre Verbündeten sollten Vorschläge für kontrollierende Anteile an Ericsson und Nokia prüfen. Die Aktienkurse beider Firmen stiegen gleich jeweils um über 5%. Eine andere US-Variante sind staatlich garantierte Kreditlinien, damit Nokia und Ericsson vergleichbare Konditionen wie Huawei anbieten können. Ein früherer finnischer Ministerpräsident verwies auf die geopolitischen Interessen der EU und auf die seltene Gelegenheit, einen europäischen 5G-Champion zu etablieren.

Angesichts der wahrscheinlichen volkswirtschaftlichen Bedeutung der 5G-Netze ist es erstaunlich, dass sich die Anstrengungen der US-Administration bislang vor allem darauf konzentrieren, den Konzern zu stoppen und möglichst zu zerstören. Die USA haben bislang keine belastbare industriepolitische Strategie entwickelt, den 5G-Mobilfunk möglichst schnell im ganzen Land auszubauen. Überlegungen, dass die US-Regierung selbst (oder ein Privatunternehmen) das Netz aufbaut und dann zur Nutzung vermietet, sind im Sande verlaufen.

Offenbar haben es die USA aufgegeben, mit China noch auf dem Gebiet der Innovationen zu konkurrieren. Die US-Attacken auf Huawei können deshalb spektakulär nach hinten losgehen. Die Vereinigten Staaten könnten sich selber in die Ecke manövrieren bei ihrem Versuch, mit ihrem Kreuzzug gegen Huawei auf dem Globus eine Technologiesphäre ohne China zu schaffen. Wie die Financial Times (17.6.2020) berichtet, sind US-Firmen an den Gesprächen über internationale Standards für 5G-Netze kaum noch beteiligt, während Huawei aufgrund seiner Marktposition und durch seine Führungsrolle bei 5G-Patenten dabei dominiert. Das stärkt wiederum die Marktposition des Konzerns und Chinas Aussichten, die ebenfalls auf 5G-Netzen basierenden Grundlagen und Standards beispielsweise für autonomes Fahren, Künstliche Intelligenz und Cloud Computing mitzugestalten.

Unbegründete Panik vor Datendiebstahl

Bislang haben die USA keinerlei Belege dafür geliefert, dass der chinesische Staat über Produkte Spionage treibt oder dass Huawei-Ausrüstung über entsprechende Hintertüren verfügt. Dagegen ist vielfach belegt, dass US-Geheimdienste, aber auch der Bundesnachrichtendienst (BND) Hintertüren in den Produkten von Technologiekonzernen wie Cisco oder Siemens für die Spionage genutzt haben.[2] So schrieb ein asiatischer Kolumnist, die USA hätten »eine schwere Zeit, andere Länder zu überzeugen, dass Spionage aus China gefährlicher ist als Spionage aus den USA«. Mit der gleichen Argumentation wie die US-Regierung könnte China natürlich auch den Einsatz von 5G-Basisstationen oder Smartphones untersagen, die mit 5G-Chips von US-Firmen ausgerüstet sind.

Parallel zu den Sanktionen haben die USA eine diplomatische Offensive gegen Huawei gestartet, in der der Konzern als verlängerter Arm des chinesischen Staates dargestellt wird. Schon im Juli 2017 traf sich »Five Eyes«, die Abhörallianz der Geheimdienste der USA, Großbritanniens, Kanadas, Australiens und Neuseelands. Es ging um 5G. Die westlichen Geheimdienste befürchten, dass China über Huawei-Equipment an sensible Daten kommt und dann per Cyber-Angriff kritische Infrastrukturen im Westen lahmlegen könnte. Seit diesem Treffen der obersten »Schlapphüte« des Westens sind offizielle US-Delegationen u.a. auch in Deutschland und Japan vorstellig geworden (SZ, 30.1.2019). Deutsche GroKo-Politiker sollen mit dieser Angelegenheit wiederum in Mittel- und Osteuropa vorstellig geworden sein. Eine Allianz des Westens und der NATO-Staaten zunächst gegen Netz-Infrastruktur aus China ist im Entstehen.

Daraufhin haben Australien und Neuseeland Huawei ganz vom Aufbau der 5G-Netze ausgeschlossen. Dagegen entschied sich die britische Regierung Anfang 2020 zunächst für eine partielle Zusammenarbeit mit dem Konzern. Trump soll nach dieser Entscheidung am Telefon ausfallend gegenüber Boris Johnson geworden sein. Die Financial Times (1.2.2020) zitierte die US-Kongressabgeordnete Liz Cheney: »Huawei zu erlauben, heute das britische 5G-Netz zu bauen, ist wie eine Erlaubnis für den KGB zu Zeiten des Kalten Krieges, das britische Telefonnetz zu bauen.«

Zwar sollten nach der Entscheidung der britischen Regierung die Mobilfunkanbieter Huawei-Ausrüstung nicht im Kern der neuen Netze verbauen dürfen. Aber bei 5G liegt ein Großteil der Netzintelligenz ohnehin in der Peri-

---

[2] Anfang 2020 wurde enthüllt, dass die Central Intelligence Agency (CIA) und die National Security Agency (NSA) zusammen mit dem BND im Rahmen der Operation Rubikon jahrzehntelang auch NATO-Partner ausspioniert haben. Denn die von Siemens gelieferte, angeblich abhörsichere Telekom-Ausrüstung hatte spezielle Hintertüren für die Geheimdienste manipuliert.

pherie, den Basisstationen. Außerdem sollte der Huawei-Anteil an der neuen 5G-Ausrüstung wertmäßig nicht mehr als 35% betragen. Allein diese Entscheidung hätte den Vodafone-Konzern, einer von drei Netzanbietern auf der Insel, ca. 500 Millionen Euro gekostet. Auch die anderen Netzbetreiber nutzen Huawei in ihrer 4G-Infrastruktur.

Die endgültige Kehrtwende der britischen Regierung im Juni 2020, Huawei komplett von der Ausrüstung der Mobilfunknetze auszuschließen, kostet die britischen Netzbetreiber nun ein Vielfaches. Denn sie müssen jetzt auch den größten Teil der 4G-Ausrüstung ersetzen. Der Start der neuen 5G-Netze in Großbritannien wird sich um mehrere Jahre verzögern.

Auch die drei deutschen Netzbetreiber, vor allem die Telekom, aber auch Vodafone und Telefónica verwenden Ausrüstung des Konzerns. Ein kompletter Ausschluss des Unternehmens von den Ausschreibungen für die deutschen 5G-Netze würde Milliarden Euro kosten und den Netzaufbau erheblich verzögern. Heinz Streibich, der Präsident der Deutschen Akademie der Technikwissenschaften (acatech), verlangte, Deutschland als Exportchampion solle sich »strategisch positionieren ... Ein hartes, umfassendes Nein zu Huawei käme einem partiellen Wirtschaftsboykott gleich.« (Koch/Neuerer 2018)

Die ideologisch aufgeheizte Diskussion um Huawei und 5G oszilliert zwischen westlicher Doppelmoral, europäischer Industriepolitik und sicherheitstechnischen Überlegungen: »Wenn Kanzlerin Angela Merkel entscheidet, ob man sich auf einen zwar preisgünstigen, aber hoch riskanten Anbieter aus China verlassen will, geht es vor allem um die Werte und die Demokratie in Deutschland«, wird die Direktorin des Asien-Programms bei der Stiftung German Marshall Fund der USA, Julianne Smith, in der Süddeutschen Zeitung (14.2.2010) zitiert. Ähnlich äußerte sich Nancy Pelosi von den US-Demokraten und Sprecherin des Repräsentantenhauses bei der Münchener Sicherheitskonferenz im Februar 2020. Die Süddeutsche Zeitung prophezeite am 3. November 2019 gleich den Super-GAU: »5G ist die Nervenbahn einer vernetzten Gesellschaft, in der im schlimmsten Fall ein Befehl aus Peking genügen könnte, um in Deutschland keine Huawei-Updates mehr aufzuspielen.« Die Transatlantiker in der CDU/CSU, bei der SPD, den Grünen und der FDP stoßen ins gleiche Horn. Der chinesische Technologiekonzern steht unter Generalverdacht, Werkzeug der geheimen Absichten der Kommunistischen Partei Chinas zu sein.

Sachlicher sind die bisherigen Untersuchungen etwa des Bundesamts für Sicherheit in der Informationstechnik (BSI) oder des britischen Geheimdienstes. Die Behörden haben Huawei-Technik auf etwaige Sicherheitslücken für Chinas »Schnüffler« geprüft und keine Schadstellen gefunden. Allerdings gilt in der Informatik die Erfahrungsregel, dass auch bei ausführlichsten Softwaretests niemals alle Fehler gefunden werden. Die EU-Kommission hat ihrerseits Anfang des Jahres 5G-Sicherheitsempfehlungen für ihre Mitglieder veröffentlicht, die nicht auf einen kompletten Ausschluss von Huawei hinauslaufen.[3] Die Bundesregierung plant parallel zur Entscheidung über 5G, die eigentlich bis Jahresende 2020 fallen sollte, ein Anti-Spionage-Abkommen mit der Volksrepublik China.[4]

Der dominante politische Diskurs um die Rolle Huaweis beim Aufbau der 5G-Netze in Europa ist ideologisch aufgeheizt und scheinheilig. Wenn es um China geht, rufen Marktfetischisten plötzlich nach dem Staat. Westliche Geheimdienste haben nachweislich Kommunikationsinfrastrukturen systematisch zur Spionage und Sabotage genutzt. Für die Unterstellung, dass auch das aufstrebende China mithilfe von Huawei so vorgeht, gibt es keinerlei Belege. Warum sollte ausgerechnet jetzt die Öffentlichkeit in Europa den Argumenten der US-Regierung trauen?

Für einen Ausschluss von Huawei gibt es aus europäischer und deutscher Sicht weder wirtschaftliche noch technologische Gründe. Ein Boykott von Huawei und damit eine Parteinahme für den US-amerikanischen Wirtschaftskrieg gegen China würde Europas Position gegenüber dem bisherigen Hegemon USA schwächen und die politischen Spaltungslinien in Europa weiter vertiefen.

---

3 Die Richtlinien der Europäischen Kommission sind einzusehen unter: ec.europa.eu/digital-single-market/en/news/cybersecurity-5g-networks-eu-toolbox-risk-mitigating-measures (letzter Zugriff 7.12.2020).

4 Eine ausführliche Darstellung der politischen Diskussion um Huawei findet sich bei Jörg Kronauer (2020).

Kapitel 7
China in Afrika: Neokolonialer Ausbeuter oder Beziehungen auf Augenhöhe?

Kurz bevor die Corona-Pandemie den afrikanischen Kontinent erreichte, machte US-Außenminister Michael Richard Pompeo eine Drei-Länder-Tour in Afrika. Seinen Gastgebern in Äthiopien erklärte er, sie sollten sich vor autoritären Regimen und ihren leeren Versprechungen in Acht nehmen. China überziehe den afrikanischen Kontinent mit Schulden, beschlagnahme seine Vermögenswerte, raube seine Bodenschätze und schmiere seine Ausbeutung mit Bestechung. Die afrikanischen Zuhörer dürften über Pompeos Anschuldigungen, die sie auch schon von Hillary Clinton als seiner Vorgängerin im US-Außenministerium gehört hatten, geschmunzelt haben. Denn die Anschuldigungen sind eine treffende Beschreibung vieler Jahrzehnte des westlichen Kolonialismus – lange bevor China die Szene in Afrika betrat.

Für die US-Regierung ist Afrika heute in erster Linie ein weiteres strategisches und ideologisches Schlachtfeld im kalten Krieg mit China. Die USA haben nicht nur ihren Austritt aus der Weltgesundheitsorganisation WHO erklärt, die derzeit vom einem früheren äthiopischen Gesundheitsminister geleitet wird. Sie haben auch gedroht, ihre finanzielle Unterstützung für die afrikanischen Zentren für Krankheitskontrolle und -prävention zu streichen, nachdem China sich zur Finanzierung der Zentrale dieser Institution bereit erklärt hatte. Die USA halten sich bis heute bedeckt, ob sie künftig einen in den USA entwickelten Covid-19-Impfstoff auch weltweit zur Verfügung stellen. Dagegen erklärte Chinas Staatspräsident Xi Jinping der WHO-Generalversammlung, jeder in China entwickelte Impfstoff werde automatisch den afrikanischen Ländern zur Verfügung gestellt.

Das postkoloniale Gehabe der USA und die rassistisch geprägte Verachtung für Afrika, den Kontinent mit dem schnellsten Bevölkerungswachstum, derzeit 1,3 Milliarden und bis 2050 ca. zwei Milliarden Menschen, mit der jüngsten Bevölkerung und einem Durchschnittsalter von 19 Jahren (im Vergleich Europa mit 43 Jahren), haben System. Schon vor Jahren bezeichnete US-Präsident Donald Trump afrikanische Staaten als »shithole countries«. Als im Dezember 2018 der damalige, später bei Trump in Ungnade gefallene US-Sicherheitsberater John Bolton in Washington eine neue Afrika-Strategie vorstellte, wurde in dem Dokument China 14-mal erwähnt, Russland immerhin noch 6-mal. Die beiden größten Volkswirtschaften des afrikanischen Kontinents, Südafrika und Nigeria, kamen darin nicht einmal vor (Financial Times, 29.12.2018).

Europas Bilanz der Afrika-Politik ist auch nicht besser. Die EU und die früheren europäischen Kolonialmächte behandeln die afrikanischen Staaten als Hinterhof, dessen Rohstoffe sie sich aneignen und wo sie ihre Überschussproduktion günstig absetzen können, auch wenn zum Beispiel der Export europäischer Agrarprodukte die Entwicklung einer eigenständigen Landwirtschaft in den afrikanischen Ländern untergräbt. Vor allem gilt der afrikanische Kontinent in Europa als Quelle der Instabilität und des Terrorismus. Das ist inzwischen das dominierende Thema der europäischen Afrikapolitik. Gegen die Menschen, die aus Afrika nach Europa kommen, wird die Festung Europa fortlaufend ausgebaut, von den Außengrenzen der EU bis tief ins Hinterland der nordafrikanischen Länder.

Europas Miss- und Verachtung für den afrikanischen Kontinent dokumentiert sich auch in der regierungsoffiziellen Reisetätigkeit. So hat Bundeskanzler Schröder in seiner Amtszeit niemals Afrika besucht. Merkel war von 2005 bis 2012 nur zweimal in Afrika.

Dass inzwischen in Europa die Befürchtungen über Chinas Rolle in Afrika wachsen, kommentiert der kongolesische Wirtschaftsexperte Boniface Mabanza im Misereor-Magazin (2/2020) des katholischen Hilfswerks für Entwicklungszusammenarbeit: »Offensichtlich löst China in der Wahrnehmung der Europäer große Angst aus. Bei dieser Angst schwingen bis heute unbewusst oder bewusst rassistische Theorien mit. Ganz unten stehen in dieser Theorie schwarze Menschen, denen das Menschsein abgesprochen wird. Das rechtfertigt Kolonialismus und Neokolonialismus bis heute. Auch die Chinesen gelten innerhalb dieser rassistischen Ordnung als minderwertig. Das löst eine Irritation aus: Wie kann es sein, dass die Chinesen, die irgendwie unter uns stehen, sich jetzt in unserem Vorgarten austoben, in Afrika?«

Die neokoloniale Verachtung des Westens, speziell durch die USA und Europa, ist in Afrika nicht unbemerkt geblieben. Als die EU 2018 zu einer EU-Afrika-Konferenz nach Brüssel einlud, erschienen gerade mal drei (!) afrikanische Staatschefs. Beim China-Afrika-Forum über Zusammenarbeit im September 2018 in Beijing waren dagegen 54 afrikanische Regierungen und mehr afrikanische Staatschefs als bei der UN-Vollversammlung vertreten.

Der kenianische Journalist Patrick Gathara schreibt zu dem inhärenten Rassismus in der gegenwärtigen internationalen Ordnung und zu den Hindernissen für Nationen mit einer schwarzen Bevölkerungsmehrheit: »Im Prinzip sind alle Nationen gleich souverän. Die Realität ist ganz anders. Es gibt eindeutig eine rassistische Hierarchie, mit den weißen Nationen an der Spitze, die Nationen Schwarzafrikas ganz unten. Die Situation des afrikanischen Kontinents auf der internationalen Ebene hat viele Parallelen mit der der schwarzen US-Amerikaner, eine Geschichte politischer und ökonomischer Marginalisierung und Ausbeutung. Der Kontinent mit 1,3 Milliarden Menschen stellt 54 der

193-UN-Mitgliedsstaaten, aber hat keinen ständigen Sitz im UN-Sicherheitsrat. Wirtschaftlich rangiert Afrika südlich der Sahara ganz unten in den globalen Indizes für Wohlstand und Handel, obwohl zu Afrikas Bodenschätzen auch ein Fünftel der globalen Goldvorkommen gehört. Ein UN-Panel über illegale Finanzflüsse aus Afrika bezifferte die jährlichen illegalen Finanztransfers aus dem Kontinent auf ca. 70 Mrd. $, die meistens in den Westen fließen ... Aus Afrika südlich der Sahara verlassen von jedem geliehenen Dollar 50 Cent noch im gleichen Jahr wieder den Kontinent ... Afrikas Platz in der internationalen Hierarchie spiegelt sich in der Sprache des internationalen Diskurses und in den herablassenden und paternalistischen Beziehungen der entwickelten Länder zu den Entwicklungsländern. Diese Sprache definiert Europa als den Standard, den andere Länder erreichen müssen ... Die Ideologie der ›Entwicklung‹ ist der neue Name für die ›zivilisierende Mission‹ des Kolonialismus und rechtfertigt weiterhin viele der gleichen Heucheleien und Zumutungen.« (Financial Times, 24.6.2020)

Als neokolonialer Ausbeuter unterwegs?

In den Hauptstädten des Westens haben die politischen Klassen inzwischen realisiert, dass China ihre Pfründe in Afrika bedroht. Die chinesische Konkurrenz stärkt die Position der afrikanischen Staaten. Aber im westlichen Diskurs und aus der westlichen Brille werden Chinas Aktivitäten in Afrika in die gleiche Schublade gepackt wie die Jahrhunderte lange Ausbeutung Afrikas durch den Westen. Es ist in Berlin, Brüssel, London, Paris oder Washington schlicht unvorstellbar, dass die neue Wirtschafts-Weltmacht China nicht als neo-koloniale Macht in Afrika auftritt.

China sei eine neue imperiale Macht, die Afrikas Menschen und Bodenschätze ebenso ausbeute, wie es früher die Kolonialmächte gemacht hätten. Wenn China in Afrika dringend nötige Infrastruktur aufbaue, dann müssten sich die afrikanischen Staaten dafür überschulden. Viele Projekte seien »weiße Elefanten« mit keinem oder geringem gesellschaftlichen Nutzen. Profitieren würden nur chinesische Baukonzerne, die wiederum hauptsächlich Arbeiter aus China beschäftigen. In den afrikanischen Staaten käme von den Bauprojekten wenig an. Außerdem paktiere China überall in Afrika mit korrupten Kleptokraten und schere sich nicht um Menschenrechte. Damit werfe China Afrikas Entwicklung zurück.

Solche Vorwürfe gegen China werden auch von manchen afrikanischen NGOs und Oppositionellen geäußert. So zitiert die Süddeutsche Zeitung (29.11.2018) einen Vertreter der Opposition in Sambia: »China ist sehr destruktiv. Wer profitiert außer den chinesischen Unternehmen und unseren Politikern? Wir haben als Bürger nur wenig Vorteile ... in zehn Jahren müssen wir alles reparieren.« Im September 2018 trugen Demonstranten in der sambischen Hauptstadt Lusaka Transparente mit Aufschriften wie »Wem gehört das Land?« und T-Shirts mit dem Aufdruck »#sayno2china«.

Zweifellos gibt es in Afrika Beispiele für überteuerte oder schlecht gemanagte chinesische Projekte, die kaum Arbeitsplätze für die lokale Bevölkerung geschaffen haben. Ebenso sind Fälle von maßlosen Kreditbelastungen bei chinesischen Gläubigern oder für miserable Arbeitsbedingungen oder Kinderarbeit beim Rohstoffabbau für chinesische Bergbaukonzerne zu verzeichnen.

Die größten Profiteure der chinesischen Expansion in Afrika sind Chinas Baukonzerne. Der nigerianische Konzern Dangote Cement, der dem reichsten Mann Afrikas gehört, hat einen Milliardendeal mit einem chinesischen Partner geschlossen, um die Zement-Produktionskapazitäten auf 100 Mio. Tonnen pro Jahr zu steigern.

Nach einer Studie der Weltbank zahlte Sambia für einen Straßenkilometer 360.000 $ an chinesische Firmen – das Doppelte des afrikanischen Durchschnitts. Oft wurden Projekte unrealistisch und auf Basis phantastischer Erwartungen kalkuliert: So war der von China projektierte neue Hafen Bagamoyo in Tansania zuerst für mehr Containerumschlag ausgelegt als der Hafen von Rotterdam. Die Regierung hat das Projekt vorerst gestoppt. Die Regierung von Sierra Leone in Westafrika hat den Bau eines neuen internationalen Flughafens aus Sorge über zu hohe Schulden eingestellt.

Probleme gibt es auch bei der neuen Eisenbahntrasse vom kenianischen Hafen Mombasa zur Hauptstadt Nairobi, die auch den Güterverkehr von der überlasteten, ebenfalls von China gebauten Autobahn Mombasa-Nairobi abziehen sollte. Im Raum stehen Vorwürfe überhöhter Preise und einer schlechten Projektplanung. Die Modernisierung der existierenden Schmalspurtrasse wurde verworfen. Die chinesischen Ingenieure planten eine teurere, komplett neue Normalspurtrasse. Der erwartete Güterverkehr auf der Strecke wurde zudem zu hoch geschätzt. Damit sich die Investitionen in die Bahnstrecke wenigstens teilweise rechnen, hat die kenianische Regierung verfügt, dass der gesamte Güterverkehr zwischen Hafen und Hauptstadt jetzt per Bahn abgewickelt wird.

Die 500 km lange Bahntrasse ist ein Projekt der kenianischen Regierung. Ein zweiter Abschnitt der Bahn bis zur Grenze nach Uganda ist teilweise fertig. Die bislang mit 4,7 Mrd. $ aus China finanzierte Bahnlinie soll künftig bis zum Viktoriasee führen und Kenia mit Ruanda, Burundi, dem Südsudan und Äthiopien verbinden. Die staatliche chinesische Baufirma CRBC witterte einen lukrativen Kontrakt. Natürlich hat die chinesische Regierung Firmen mit Überkapazitäten ermuntert, sich in Afrika zu engagieren. Als einer der ersten afrikanischen Staaten ist Kenia dem chinesischen »One Belt, One Road«-Projekt beigetreten, bei uns unter dem Begriff »Neue Seidenstraße« bekannt. In einem Interview mit der Financial Times äußerte der kenianische Präsident Uhuru Kenyatta 2017 seine Besorgnis über das afrikanische Handelsdefizit mit China. Wenn die Win-win-Strategie funktionieren solle, müsse sich China auch für Afrika öffnen.

Die Probleme mit einzelnen chinesischen Projekten in Afrika und die Kritik an unausgeglichenen Wirtschaftsbeziehungen sind bei der chinesischen Regierung angekommen. Der chinesische Ministerpräsident Li Keqiang gestand »wachsende Probleme« in den chinesisch-afrikanischen Beziehungen ein. China hat offiziell bei der kenianischen Regierung wegen Korruptionsvorwürfen bei einzelnen Projekten nachgefragt (Economist, 29.6.2019). Der chinesische Außenminister Wang Yi erklärte, China werde aber »auf keinen Fall dem ausgetretenen Pfad der westlichen Kolonialisten folgen«.

Als China in Djibouti am Indischen Ozean den ersten Militärstützpunkt im Ausland seit dem Koreakrieg eröffnete, lautete die westliche Kritik, China wolle aus dem Indischen Ozean ein chinesisches Meer machen, mit weiteren chinesisch kontrollierten Häfen in Pakistan, Sri Lanka oder Myanmar. Nach dem Vertrag mit Djibouti vom Sommer 2017 errichtet China in der direkten Nachbarschaft zur US-Basis einen Logistik-Hub für Marineboote, die Chinas kommerzielle Flotte gegen Piraten sichern sollen. Außerdem ist dort eine Freihandelszone entstanden. Westliche Analysen kommen allerdings zu dem Ergebnis, dass es China bei dem Aufbau von Häfen in Asien und Afrika im Kern um Handel geht und nicht um imperialistische Aggression (Economist, 8.6.2013).

Afrika in der chinesischen Schuldenfalle?

Gegen China steht der Vorwurf im Raum, dass es mit Absicht mehr Geld ausleiht als die afrikanischen Empfängerländer jemals zurückzahlen können. So könne sich das Land günstig die Vermögenswerte der Empfängerländer aneignen.

Die Entwicklung von Chinas staatlichen Auslandskrediten, die Kreditkonditionen und auch die Restrukturierungen notleidender Kredite sprechen jedoch eine andere Sprache. Das Volumen der staatlichen Auslandskredite inklusive der Kredite der staatlichen Banken hat sich nach einer Studie des Kieler Instituts für Weltwirtschaft (Horn/Reinhardt/Trebesch 2019) auf über 700 Mrd. $ im Jahr 2019 erhöht (Economist, 13.7.2019). China ist damit der weltgrößte staatliche Kreditgeber. Das Volumen von Chinas offiziellen Auslandskrediten ist doppelt so groß wie das von Weltbank und IWF zusammen. Aber etwa die Hälfte der in der Studie erfassten offiziellen Finanzflüsse aus China taucht nicht in den Daten von Weltbank und IWF auf. Das gilt auch für Kredite an die auf der »Schwarzen Liste« des Westens stehenden Länder wie Kuba, Nordkorea, Venezuela, Iran oder Zimbabwe.

Abb. 14: Auslandsverschuldung gegenüber China (in % des BIP, 2017)

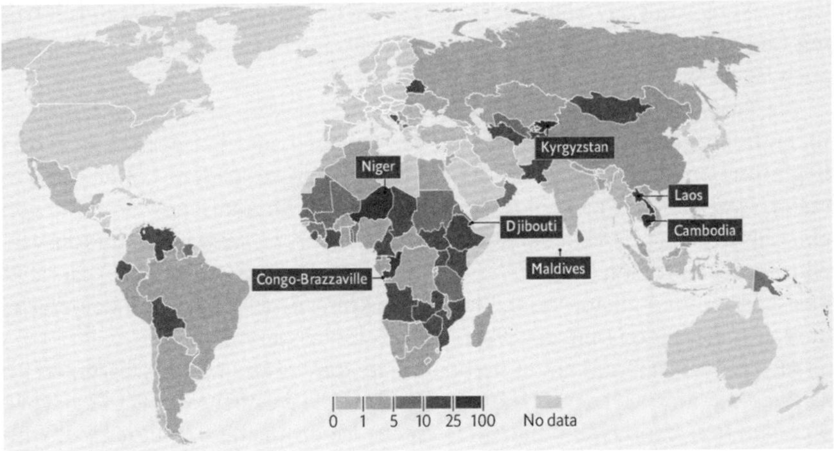

Quelle: Horn/REinhardt/Trebesch 2019

Nach den Autoren der genannten Studie vermeidet China direkte Finanzflüsse an Staaten und deren Regierungen. Das chinesische Geld geht stattdessen an chinesische Auftragnehmer, damit die Regierungen der Empfängerländer das Geld nicht anderweitig verwenden. Dieser chinesische Kooperationsmodus, der sich vom Ansatz der westlichen Regierungen und Rohstoffkonzerne unterscheidet, bringt nach dem Urteil eines OECD-Experten Vorteile für Afrika (Süddeutsche Zeitung, 22.7.2011).

»Statt mit dem simplen Abpumpen von Devisen haben wir es mit einem komplexen Tauschhandel zu tun. Ein von der chinesischen Regierung beauftragtes Bauunternehmen – das üblicherweise einen Kredit von der China Exim Bank erhält – unternimmt nach Einwilligung des Empfängerlandes Infrastrukturarbeiten. Diese Infrastrukturarbeiten wiederum bezahlt das Empfängerland mit Rohstoffexporten, indem es Kapitalbeteiligungen an der nationalen Ölgesellschaft oder direkt Schürfrechte gewährt ... China bündelt also seine Rohstoffförderung in Afrika an Investitionszusagen, die weitestgehend an den lokalen Behörden vorbeifließen. Dementsprechend lässt sich die Zweckentfremdung der Rohstoffeinnahmen ... leichter vermeiden, weil die Regeln des Tauschgeschäfts den sofortigen Verbrauch der Rohstoffrenten durch Kleptokraten erschweren. Es steht ebenso zu vermuten, dass die konfliktträchtige Auseinandersetzung um diese Renten gebremst wird, wenn der entsprechende Cash-Anteil und die Anzahl der eingebundenen Behörden reduziert werden. Die starke chinesische Präsenz vor Ort erleichtert zudem die Überwachung der Projekte.«

David van Reybrouck kommt in seinem lesenswerten Buch »Kongo« (Reybrouck 2013), das von den Gräueln der belgischen Kolonialgeschichte bis zur aktuellen Plünderung dieses Landes durch die westlichen Rohstoffkonzerne handelt, zu einer ähnlichen Bewertung des Vorgehens chinesischer Konzerne.

Die 50 größten Empfängerländer sind bei China mit durchschnittlich 17% ihrer Wirtschaftsleistung (BIP) verschuldet (siehe Abb. 14). Oft dienen Rohstofflieferungen als Sicherheit. Die von der chinesischen Regierung verlangten Kreditzinsen sind im Vergleich zwar etwas höher und die Laufzeiten der Kredite etwas kürzer als bei den westlichen Kreditgebern. Nach der Kieler Studie hat China aber seit 2000 bilateral in über 140 Fällen eine Restrukturierung bzw. den Teilerlass der Kredite verhandelt. China ist nicht Mitglied im sogenannten Pariser Club, in dem die Regierungen des Westens ihre Kreditforderungen an Empfängerländer bündeln und Umschuldungen aushandeln, oft mit einer Verschärfung der Auflagen verbunden.

Für Chinas Kreditvergabe an andere Staaten gilt das von der chinesischen Politik verfolgte Prinzip der Nichteinmischung in die inneren Angelegenheiten. Soweit man das von Kreditbeziehungen überhaupt sagen kann, ist es eine Begegnung auf Augenhöhe anstelle väterlicher und moralisierender Belehrungen über Menschenrechte bei gleichzeitiger Verhängung von Daumenschrauben wie neoliberalen Sparprogrammen nach dem »Washington Consensus«. Die Kritik aus Europa und den USA lautet, dass China Investitionen ohne Vorbedingungen finanziert und damit »Schurkenregimes« unterstützt. Als vor Jahren im Sudan ein Bürgerkrieg tobte, der schließlich zur Abspaltung des Süd-Sudan führte, ergriff China – anders der Westen – nicht Partei und unterhielt weiterhin Beziehungen zu dem diktatorischen Regime im Sudan. Die westliche Kritik an Chinas Afrikapolitik steht auf brüchigem Boden, denn der westliche Umgang mit Afrika hat niemals Menschenrechtsverletzungen oder Bürgerkriege verhindert – am Ende haben immer Ausbeutungsinteressen die offiziell erklärten guten Absichten konterkariert (siehe hierzu Gütter 2020).

Aus China kommen inzwischen etwa 20% der gesamten öffentlichen Finanzflüsse an afrikanische Staaten. Zwischen 2006 und 2017 flossen knapp 10 Mrd. $ aus China nach Kenia. Die Kreditvergabe durch chinesische Institutionen erfolgt schnell und dauert bis zur Genehmigung manchmal nur fünf Tage (Handelsblatt, 16.11.2012), während westliche Förderbanken oft Jahre brauchen.

2018 entfiel von der gesamten Staatsverschuldung Kenias 72% auf China, 8-mal mehr als auf den zweitgrößten Gläubiger Frankreich. Der zweitgrößte Empfänger von chinesischen Krediten für die Finanzierung von Infrastrukturprogrammen ist ausgerechnet das rohstoffarme Äthiopien. In das Land floss mehr als das Doppelte an Krediten als etwa in den ölreichen Sudan oder in den rohstoffreichen Kongo. Aber größter Empfänger von öffentlichen Finanzfüssen aus China ist Angola mit seinen Ölvorkommen.

Abb. 15: Risikobewertung der chinesischen Kredite

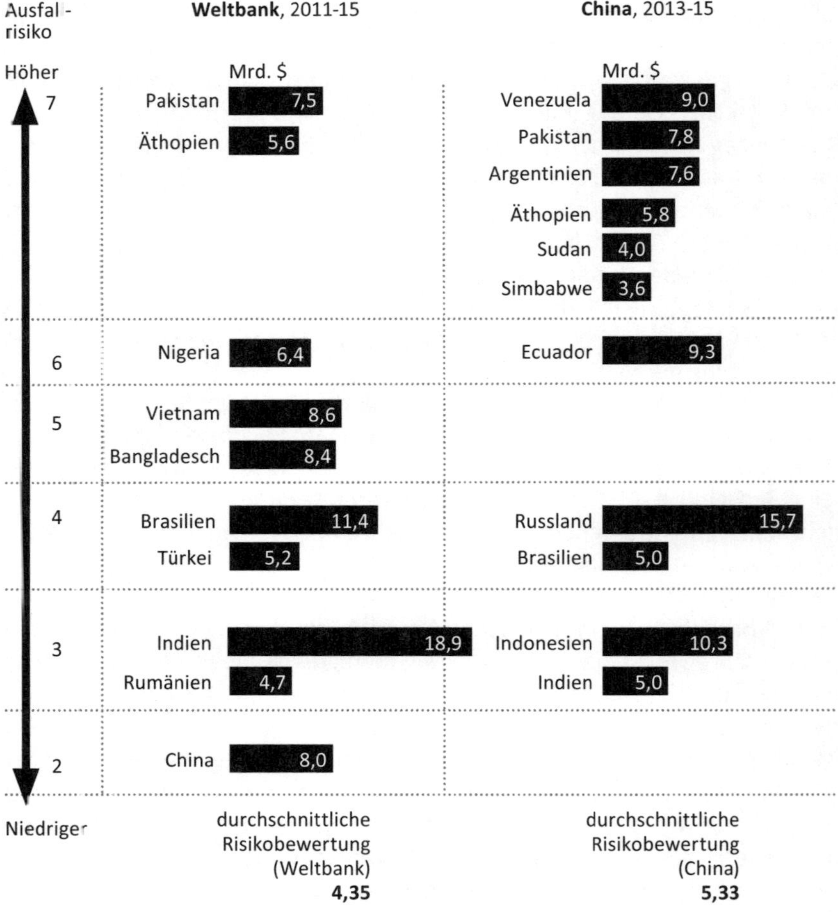

Quelle: Financial Times 26.10.2020 nach Daten von Weltbank, OECD und China Centre for Contemporary World Studies

Nach Untersuchungen der amerikanischen Wissenschaftlerin Deborah Braeutigam ist die westliche Behauptung unhaltbar, dass China absichtlich mehr Geld ausleiht als die Empfängerländer zurückzahlen können (Braeutigam 2009). In den westlichen Medien wird dafür nicht ein Beispiel aus Afrika, sondern das chinesische Hafenprojekt Hambantota in Sri Lanka angeführt. Der Hafen ist jetzt in chinesischer Hand, weil Sri Lanka die Kredite nicht mehr bedienen konnte. Für die US-Wissenschaftlerin ist es von insgesamt 3.000 von ihr untersuchten chinesischen Projekten der einzige Fall, in dem der chinesische Kreditgeber die Sicherheit kassiert hat (Economist, 29.6.2019).

Bei dem alle drei Jahre stattfindenden Forum der China-Afrika-Kooperation 2018 verwahrte sich Staatspräsident Xi Jinping gegen die westlichen Behauptungen einer chinesischen Schuldenfalle für Afrika: »Es ist allein die Angelegenheit des chinesischen Volkes und der Völker Afrikas zu beurteilen, ob die Kooperation zwischen China und Afrika gut ist oder nicht.« Bei der Konferenz sicherte China den afrikanischen Staaten insgesamt weitere 60 Mrd. $ an Beihilfen, niedrig verzinsliche Kredite, Finanzinvestitionen und Handelsfinanzierungen zu. Dabei fährt China das Volumen des Regierungsprogramms zurück, während chinesische Firmen mehr investieren. Außerdem kündigte Xi Erleichterungen bei der Schuldenbelastung afrikanischer Staaten an. Ein Signal, dass die chinesische Regierung als Gläubiger untragbare Kreditlasten unbedingt vermeiden will.

Über diese Großzügigkeit gab es in den chinesischen sozialen Medien massive Kritik: Warum kann ein verschuldetes Land, das dringende Bedürfnisse im eigenen Land hat, so viel im Ausland ausgeben? Mit 60 Mrd. $ könne man drei Jahre lang alle Ausgaben des Erziehungsministeriums finanzieren. »China ist auch ein armes Land ... Gibt es ein Land auf der Welt, das China 60 Mrd. $ Entwicklungshilfe geben kann?« Die chinesische Zensur sperrte alsbald diese Kritik (Financial Times, 5.9.2018).

Sinnvolle Infrastruktur oder »weiße Elefanten«?

Die Kritik des Westens, dass China in Afrika überteuerte, teilweise sinnlose Projekte finanziert und damit die Empfängerländer überschuldet, steht auf tönernen Füßen. Hunderte Jahre weißer europäischer Kolonialismus haben einen Kontinent hinterlassen, der bis heute nicht zusammengewachsen ist. Die westliche Entwicklungshilfe nach dem Ende des Kolonialismus hat daran nichts geändert (siehe hierzu auch Gütter 2020).

Der innerafrikanische Handel ist das beste Beispiel: 2016 entfielen gerade einmal 14% des Außenhandels der afrikanischen Staaten auf den Handel untereinander. Anders gesagt: Wirtschaftlich spielen für die afrikanischen Staaten die Nachbarländer bis heute keine große Rolle. Die afrikanischen Staaten exportieren hauptsächlich nach Europa, China, in die USA etc. Dort kaufen sie auch ein. Zum Vergleich: Auf den Binnenhandel zwischen den EU-Staaten untereinander entfielen 2017 65% (!). Die vom Kolonialismus hinterlassenen extrem einseitigen Wirtschaftsstrukturen in Afrika – Extraktion von Rohstoffen und Agrarprodukten ohne Weiterverarbeitung, kaum verarbeitende Industrien – und Verkehrswege, die hauptsächlich dem Abtransport der Rohstoffe dienen, sind für dieses krasse Missverhältnis verantwortlich.

Bis heute existiert kein innerafrikanisches Straßen- oder Bahnnetz, das diesen Namen verdient und das das wirtschaftliche Zusammenwachsen des Kontinents ermöglicht. Ein einheitliches Bahnsystem gibt es nicht. Es gibt unterschiedliche Spurweiten, es fehlt ein standardisiertes Signalsystem. Die meisten Bahntrassen sind noch von den Kolonialmächten gebaut. Für Flugreisen innerhalb Afrikas galt bis vor wenigen Jahren die Regel, dass die schnellste Flugverbindung zwischen zwei afrikanischen Staaten über London oder Paris, also die Hauptstädte der früher größten Kolonialmächte, führt. Erst die Ethiopian Airlines haben mit chinesischer Unterstützung erfolgreich ein innerafrikanisches Flugnetz aufgebaut.

Weitere Hindernisse für die wirtschaftliche Integration Afrikas sind Bürokratie und Zölle, großenteils Relikte der Kolonialzeit, die viele künstliche Staatsgebilde mit willkürlich gezogenen Grenzen und ohne Rücksicht auf Sprachen und Ethnien hinterlassen haben. Afrika zerfiel 2017 in 14 unterschiedliche Freihandelszonen. Eine Zoll-Transaktion in Afrika erforderte 2017 durchschnittlich 40 Dokumente, über 20 verschiedene Parteien waren involviert.

Nach den Beschlüssen der Afrikanischen Union (AU) soll der innerafrikanische Handel bis zum Jahr 2050 auf 50% des gesamten Außenhandels Afrikas steigen. Auch hier kommt die Unterstützung durch China ins Spiel: Die afrikanischen Staaten haben 2016 ein Programm für ein Bahnnetz beschlossen, das endlich den ganzen Kontinent erschließen soll. Geplant sind vier Nord-Süd-Bahntrassen und sechs Ost-West-Trassen durch den afrikanischen Kontinent. Das erste voll elektrifizierte Teilstück (656 km) einer Ost-West-Verbindung vom Hafen Djibouti in die äthiopische Hauptstadt Addis Abeba ist schon in Betrieb, von China gebaut und finanziert. Im Oktober 2016 haben die Afrikanische Union und China als Haupt-Vertragspartner einen Fünf-Jahres-Plan unterzeichnet, zu dem u.a. Machbarkeitsstudien und die mögliche Finanzierung gehören (New African, 2/2017).

Wie alle Investitionen in die Infrastruktur sind das langfristige Investments, die sich für China erst in Jahrzehnten rechnen. Aber auch kurzfristig sind sie ein Konjunkturprogramm für die chinesische Bau- und Eisenbahnindustrie. Eine vergleichbare westliche Initiative, zusammen mit der AU die Infrastruktur Afrikas systematisch zu entwickeln und damit das Zusammenwachsen des Kontinents zu ermöglichen, gibt es nicht.

China ist also ohne Frage Afrikas wichtigster Wirtschaftspartner. Nach einer McKinsey-Untersuchung von 2017, die die Wirtschaftsverflechtungen des afrikanischen Kontinents mit dem Rest der Welt nach den Dimensionen Handel, Auslandsinvestitionen, Wachstum, Infrastruktur-Finanzierung und Entwicklungshilfe untersuchte, lag China jeweils unter den Top-4 der Wirtschaftspartnern Afrikas. »Kein anderes Land erreicht diese Tiefe und Breite des Engagements.« (Economist, 22.7.2017)

Abb. 16: Entwicklung der Handelsbeziehungen mit Subsahara-Afrika

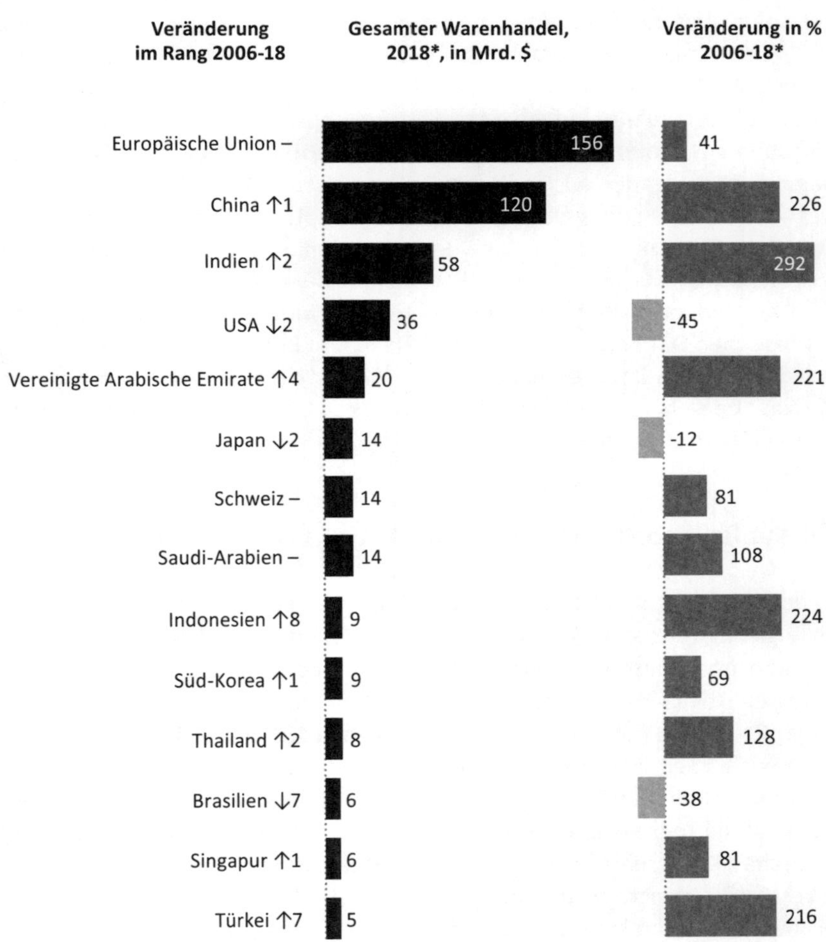

*Januar bis November annualisiert
Quelle: Financial Times, 26.10.2020, nach Berechnungen von Datastream (Refinitiv) und IWF

Im Jahr 2000 hatte der Handel zwischen China und Afrika ein Volumen von gerade einmal 10 Mrd. US-$. Im Jahr 2014 hatte es sich bereits auf 220 Mrd. US-$ mehr als verzwanzigfacht. 2013 entfielen auf die Volksrepublik ca. 15% des gesamten Außenhandels der afrikanischen Staaten. China importiert im wesentlichen Agrarprodukte und Rohstoffe und liefert dafür Industrieprodukte. Ähnlich stark wuchs der Handel der afrikanischen Staaten auch mit Indien, der Türkei und Indonesien (siehe Abb. 16). Es ist eine gute Nachricht, dass sich die Wirtschaftsbeziehungen Afrikas zunehmend weg vom Westen und den alten Kolonialmächten entwickeln und immer stärker »Süd-Süd«-orientiert sind.

China hat auch eine Spitzenposition bei den ausländischen Direktinvestitionen in Afrika. Allerdings führt der Westen immer noch bei Weitem bei dem über viele Jahrzehnte aufgebauten Bestand an Auslandsinvestitionen. Nach Angaben des Economist (9.3.2019) entfielen 2016 auf China nur 5% der gesamten existierenden ausländischen Investitionen in Afrika. Allein die US-Investitionen waren doppelt so hoch. »Die Behauptung, dass der überragende Anteil der Finanzierung aus China kommt und dass China den ganzen Kontinent kauft, ist inakkurat.« So die Feststellung des US-Ökonomen David Dollar. Ganz anders als im Westen gerne unterstellt wird, gehen auch nur 28% der chinesischen Direktinvestitionen in Afrika in den Bergbau, also in die extraktiven Industrien. Dagegen haben es die USA vor allem auf die Bodenschätze Afrikas abgesehen. Zwei Drittel des Bestands an US-Direktinvestitionen in Afrika entfallen auf den Bergbau.

Öl, Kupfer, Kobalt: Greift China nach Afrikas Ressourcen?

In der Demokratischen Republik Kongo haben sich chinesische Konzerne Anteile an den reichsten Vorkommen von Kupfer, Kobalt und anderen Mineralien gesichert. Diese Mineralien sind kritisch für den Umstieg auf erneuerbare Energien. Gleichzeitig ist das Riesenland China der weltgrößte Verbraucher vieler Rohstoffe. Auf China entfallen allein etwa 40% des weltweiten Kupferverbrauchs. Seit 2012 haben chinesische Konzerne mindestens 8 Mrd. $ in Bergbauvorkommen im Kongo investiert. Der Staatskonzern China Molybdenum hat die Tenke-Kupfer- und Kobaltmine für 2,65 Mrd. $ gekauft. Die chinesischen Konzerne Zijin Mining und das Staatsunternehmen Citic Metal als Investoren entwickeln zusammen mit einem US-Investor ein neues Kupfergruben-Projekt im Kupfergürtel zwischen dem Kongo und Sambia (Financial Times, 31.10.2019).

Nach Angaben des kongolesischen Wirtschaftsexperten Boniface Mabanza hatte die DR Kongo schon bis 2009 mit China über einen Rahmenvertrag im Wert von 9 Mrd. $ verhandelt. Dabei ging es um die Ausbeutung von Erzvorkommen, die von China mit Infrastrukturprojekten bezahlt werden sollten. Aber die Weltbank und der IWF schalteten sich ein und nutzten die Verschuldung der DR Kongo bei den internationalen Institutionen, um die kongolesische Regierung zu zwingen, auf den Rahmenvertrag mit China zu verzichten.

Im Westen sind die chinesischen Investitionen in Afrikas Rohstoffsektor umstritten: Denn der Eintritt Chinas hat die Verhandlungsmacht der afrikanischen Staaten verbessert. Die USA fürchten zudem eine potenzielle chinesische Kontrolle der Lieferketten für wichtige Metalle. Aber immer, wenn es dem Westen eigentlich ums Geld geht, sind die Menschenrechte ein hilfreiches Argument. Zwar sind die Arbeitsstandards und die Umweltbedingungen der meisten chinesischen Bergbauprojekte in Afrika denen von westlichen Rohstoffkonzernen vergleichbar. Aber China unterstützt bislang keine nicht-staatlichen Transparenz-Initiativen im Bergbau und anderen extraktiven Industrien – aus westlicher Perspektive Anlass für Kritik. Diese westlichen Initiativen sind allerdings rechtlich unverbindlich und oft »Greenwashing« für internationale Investoren; ihre Umsetzung wird kaum kontrolliert. Internationale Vereinbarungen mit den afrikanischen Staaten würden Arbeits- und Umweltstandards mehr Geltung verschaffen.

Der Vorwurf lautet zudem, dass China kleptokratische Regime in Ländern unterstützt, die unter dem »Ressourcen-Fluch« leiden. Damit ist gemeint, dass rohstoffreiche Länder wie z.B. Nigeria gerade deswegen wirtschaftlich stagnieren, weil ihre Eliten von den Rohstoff-Renten bestens leben und kein Interesse an Entwicklung und an der Weiterverarbeitung der Rohstoffe im Land haben. Die tatsächliche Sorge in den Hauptstädten des Westens und in den Chefetagen der meist in London sitzenden Bergbaukonzerne ist aber wohl, dass sich durch den Eintritt Chinas in das weltweite Rohstoffgeschäft die Spielregeln und Gewichte massiv zugunsten der Länder mit Rohstoffvorkommen verschieben.

Denn seit den Kolonialzeiten werden die besten und ertragsreichsten Metallvorräte weltweit von Konzernen wie BHP, Rio Tinto und Anglo American kontrolliert. Was das praktisch bedeutet, zeigt das Beispiel Kongo: Dort hält Gecamines, die staatliche Bergbaugesellschaft des Kongo, zwar eine 20%-Beteiligung an allen Bergbauprojekten. Der Staatskonzern beklagt aber, dass die internationalen Bergbaukonzerne wie Glencore (Schweiz) oder Freeport (USA) praktisch keine Dividenden und keine Lizenzgebühren an den kongolesischen Staat ausschütten und dass die meisten Umsätze und Steuern zudem im Ausland anfallen. Gecamines will deshalb alle internationalen Projekte auditieren.

Die Regel einer 20%-Beteiligung gibt es seit 2000. Damals hatten IWF und Weltbank dem Kongo auferlegt, die in den 1960er Jahren nationalisierten Bergbauvorkommen des Kongo an internationale Konzerne zu verkaufen. Die würden dann die Projekte entwickeln und damit für regelmäßige Einnahmen sorgen. (Financial Times, 24.11.2016) Einnahmen sind aber kaum geflossen und Dividenden niemals, weil die Bergbaumultis zuerst ihre Investitionen wieder einspielen wollten. Diese behaupten, sie hätten immer ihre Steuern gezahlt. Einzelne Projekte sind derzeit vor internationalen Schiedsgerichten.

Jetzt will Gecamines zusammen mit dem chinesischen Staatskonzern China Nonferrous Metal Mining eine neue Kupfermine im Kongo entwickeln. Der chinesische Partner, der 51% hält und zwei Mrd. $ investiert, bekommt sein Investment über Kupferverkäufe zurück. Anschließend wird Gecamines das Projekt selbst weiterführen. Das ist das neue Modell, mit dem Regierungen rohstoffreicher Länder wie der Kongo praktisch dazu gezwungen werden, wenigstens einen Teil ihres Rohstoffreichtums in Projekten zu entwickeln, die der Allgemeinheit, also der Gesellschaft, zugutekommen.

In Angola hat China den Ausbau von Infrastruktur, Schulen und Krankenhäusern finanziert gegen Ölexporte von täglich 10.000 Barrel über zwölf Jahre. 2007 bekam der Kongo einen 6 Mrd. $-Kredit, als Sicherheit diente ein Kupfer-Kobalt-Bergwerk, an dem China einen 68%-Anteil hielt.

Chancen für Entwicklung in Afrika?

Die Aufmerksamkeit des Westens konzentriert sich auf Chinas Investitionen in Afrikas Rohstoffvorkommen und Infrastruktur – und auf die chinesischen Staatskonzerne hinter diesen Investments. Jedoch: Hunderttausende, nach manchen Schätzungen sogar eine Million Chinesen sind auf eigene Faust nach Afrika gezogen, um dort ihr Glück zu versuchen. Viele Chinesen vergleichen die Geschäftschancen in Afrika mit denen in China in den 1980er Jahren, als Deng Xiaoping die Devise ausgab: Reich werden ist super! Solche Karrieren sind in der Volksrepublik heute nicht mehr möglich, da das regulatorische Umfeld von Umweltauflagen bis zu Arbeitsbedingungen strenger geworden ist.

Nach McKinsey-Daten waren schon 2014 mehr als 10.000 chinesische Firmen in Afrika aktiv, über 90% davon Privatfirmen. Diese berichteten von saftigen Gewinnen. Manchmal hatte sich ihr Investment schon in weniger als einem Jahr ausgezahlt. Viele chinesische Privatunternehmer sagten, sie wollten wegen der guten Geschäftsaussichten weiter investieren (Economist, 22.7.2017). Diese sind für Afrika mindestens so wichtig wie Chinas große Staatskonzerne, denn sie schaffen mehr lokale Jobs und ihr Engagement hat größere soziale und wirtschaftliche Auswirkungen. Die Ansiedlung chinesischer Fabriken bietet erstmals die Chance auch für die Entwicklung einer industriellen Basis in Afrika, damit dessen Reichtümer gleich vor Ort weiterverarbeitet werden können und der innerafrikanische Handel künftig wichtiger wird. Beim chinesischen Handelsministerium, das Auslandsinvestitionen genehmigen muss, hatten chinesische Privatunternehmer von 2000 bis 2015 über tausend industrielle Projekte in Afrika angemeldet – u.a. in den Bereichen Glasproduktion, Stahlrecycling, Schuhproduktion, Keramik oder Textilien.

Nach dem in China in den 1990er Jahren erprobten Modell der Wirtschaftssonderzonen, räumlich abgegrenzten Gebieten mit administrativen und finanziellen Anreizen für Investoren, entstehen solche Gebiete auch in Afrika, z.B. in Nigeria. In dem ersten Projekt in Afrika, einem privaten chinesischen Investment bei Lagos, haben sich 50 Unternehmen angesiedelt, darunter zwei Keramikproduzenten, ein Werk für Stahlrohre, ein Möbelhersteller, ein Fabrikant von Baumaterialien, ein Recyclingwerk sowie Druckereien. Diese Wirtschaftssonderzone ist wie ein eigenes Land, eine Enklave der Effizienz und Stabilität im notorisch chaotischen Nigeria nach dem Motto »Die Regierung stellt das Land, wir liefern das Geld, bauen die Fabriken, haben einen eigenen Zoll, eigene Polizei und eine eigene Stromversorgung.« Es gibt ein 5-Sterne-Hotel, einen Golfklub und einen WalMart. Demnächst sollen weitere Projekte in Nigeria entstehen. Der chinesische Botschafter in Nigeria erklärte die Financial Times (28.3.2019): »Nigeria hat die Voraussetzungen, eine Fabrik für die Welt zu werden.« Ein Vorteil des afrikanischen Lands: zollfreie Exporte in die USA und die EU. Der private chinesische Investor will insgesamt zehn Wirtschaftssonderzonen in Afrika einrichten. Ob die Zonen nach dem einst vom IWF entwickelten Modell eine nachhaltige Entwicklung in Nigeria anstoßen können, ist allerdings fraglich.

Denn für eine industrielle Entwicklung gibt es massive Probleme: Alle Vorprodukte müssen importiert werden, weil ein industrielles Ökosystem bislang kaum existiert und die einst florierende Textilindustrie kaputt ging. Dafür haben unter anderem Importe auf sehr niedrigem Preisniveau aus China gesorgt, weil der Ölreichtum des Landes die nigerianische Währung über viele Jahre verteuert hatte. Außerdem sind Arbeitskräfte in Nigeria zwar billig, einige verfügen aber kaum über Elementarschulniveau. Hinzu kommen endemische Korruption und eine Bürokratie, die manches verspricht, aber wenig davon umsetzt.

Es gibt andere Beispiele, wie private chinesische Investoren die Industrialisierung Afrikas vorantreiben. So hat der Schuhhersteller Huajian, der u.a. Schuhe für die Marken Clarks und Tommy Hilfiger fertigt, in der äthiopischen Hauptstadt Addis Abeba ein Werk mit 10.000 Beschäftigten errichtet. Die Lohnkosten sind um 50% niedriger als in China und die Zollvorteile lohnend. Die chinesische Konkurrenz produziert bislang anderswo in Asien. Die privaten chinesischen Autohersteller Geely, Eigentümer auch von Volvo Cars und Volvo Trucks und Großaktionär bei Daimler, und Lifan betreiben bereits seit 2014 eigene Montagewerke in Äthiopien.

Der hierzulande völlig unbekannte Handyhersteller Transsion, der 2018 über 100 Millionen Handys verkaufte und aus Shenzhen, der Weltmetropole der Elektronik, stammt, hat unter der Marke Tecno spezielle Handys um 100 US-$ für den wachsenden afrikanischen Markt entwickelt. Die Geräte haben Slots für mehrere SIM-Karten, falls die Netzabdeckung des einen Providers nicht reicht, besonders lange Batterielaufzeit und sind ausgelegt für verschiedenste afrikanische Sprachen wie Amharisch oder Suaheli. 2018 war Tecno in Afrika auf dem fünften Platz des Markenrankings, nach Coca Cola und noch vor Apple und Puma. Mittlerweile hat Transsion zwei Montagewerke in Äthiopien.

Wie andere chinesische Konzerne sieht Transsion in Afrika Geschäftsmöglichkeiten, während der Kontinent im Westen als Fall für die Caritas und für NGOs gilt und die meisten westlichen Konzerne abwesend sind. Dagegen nutzen die Unternehmen aus China Afrika als Innovations- und Testzentrum für die Robustheit ihrer Produkte. Selbstredend haben die chinesischen Telekommunikationsausrüster Huawei und ZTE faktisch im Alleingang die dortigen Mobilfunknetze aufgebaut. (Financial Times, 10.10.2019) 2017 machte Huawei 15% des Weltumsatzes in Afrika und trainierte jährlich 12.000 afrikanische Techniker in Ausbildungszentren in Angola, Ägypten, Kenia, im Kongo, in Marokko, Nigeria und Südafrika.

Nach einer Studie von Forschern der Johns-Hopkins-Universität sind übrigens 80% der Beschäftigten in chinesischen Projekten Afrikaner, viele üben allerdings eher gering qualifizierte Tätigkeiten aus. China will Beziehungen mit wechselseitigem Nutzen. Für die britische Wissenschaftlerin Jing Gu verfolgt die Volksrepublik systematisch eine afrikanische Industrialisierungsstrategie. China »will in den nächsten 10 Jahren seine Niedriglohnproduktion nach Afrika transferieren« (Financial Times, 14.6.2017).

Der Vorwurf, dass chinesische Arbeitgeber in Afrika hauptsächlich chinesische Arbeitskräfte beschäftigen, stimmt also nicht. Sie verhalten sich nicht anders als andere Arbeitgeber. Eine Studie der Londoner School of Oriental and African Studies hat insgesamt 76 Unternehmen, darunter 31 chinesische und nicht-chinesische Industrie- und Baufirmen in Äthiopien und Angola, zwei Top-Destinationen für chinesische Investments in Afrika, verglichen und dabei 1.500 Beschäftigte interviewt. Die Studie kommt zu dem Ergebnis, dass die negativen Vorurteile über chinesische Arbeitgeber meist falsch sind (Financial Times, 4.7.2019). Sie beschäftigen ebenso viele lokale Beschäftigte wie die anderen Firmen, zahlen vergleichbare Löhne und bilden nach vergleichbaren Standards aus, wenn auch die Ausbildung weniger formalisiert ist. In Äthiopien beschäftigen sie etwa 90% einheimische, in dem durch einen langen Bürgerkrieg zerrütteten Angola 74% lokale Beschäftigte. Allerdings sollten die staatlichen afrikanischen Auftraggeber ihren Auftragnehmern – ob aus China oder aus dem Westen – mehr Vorgaben für Ausbildung, Mindestlöhne, Arbeitssicherheit etc. machen, so ein Fazit der Studie.

Hat China einen Plan für Afrika?

Afrika-Experten sprechen davon, dass China den Kontinent als Testfeld für seine internationalen wirtschaftlichen und politischen Ambitionen nutzt und in einem Umfeld mit wenig Risiko experimentiert. Fakt ist jedoch, dass es keine monolithische Beziehung zwischen China und Afrika gibt, sondern viele unterschiedliche Akteure aus China, die ganz unterschiedliche Ziele verfolgen. Hunderttausende Chinesen, die privat ihr Glück versuchen, haben andere Pläne als die chinesische Regierung.

Diese strebt freundschaftliche Beziehungen zu allen afrikanischen Regierungen an, was sich auch in den internationalen Organisationen für Chinas Einfluss auszahlt. Chinas Staatskonzerne im Rohstoffsektor wollen langfristige partnerschaftliche Lieferbeziehungen. Staatliche und private Baukonzerne oder Technologiefirmen wie Huawei wollen in erster Linie Geschäfte machen in einem Kontinent mit einer jungen, schnell wachsenden Bevölkerung und riesigen Wachstumschancen. Zudem haben sie den Markt fast für sich, weil die westliche Konkurrenz kaum präsent ist.

Für die amerikanische Wissenschaftlerin Deborah Braeutigam ist der Vorwurf des chinesischen Neokolonialismus in Afrika deshalb überzogen: »Der Kolonialismus hat totale politische Kontrolle bedeutet, für China ist das politische Element eher leicht.« (Frankfurter Allgemeine, 31.1.2018) Laut Braeutigam ist Afrika für China vor allem ein Versuchsfeld für die weitere wirtschaftliche Expansion. Die Baukonzerne z.B. üben für Bauprojekte bei mittelgroßen bis großen Bauvorhaben; dort sind sie sehr wettbewerbsfähig und wenn sie genug Expertise gesammelt haben, wollen sie auch in Europa tätig werden.

Aus afrikanischer Perspektive bringt Chinas Präsenz bei allen Risiken einzelner Projekte und von Korruptionsfällen, die auch öffentlich diskutiert werden (Economist, 9.3.2019), handfeste Vorteile bei der Finanzierung und bei Ingenieurleistungen. Vor allem aber bringt die Volksrepublik für die afrikanischen Staaten endlich Wahlmöglichkeiten im Handel und in den wirtschaftlichen Beziehungen. Zwar hat der Westen inklusive Japan Milliarden an Entwicklungshilfe nach Afrika gepumpt. Aber seit den 1980er Jahren hat er dabei den afrikanischen Staaten den ruinösen »Washington Consensus« marktbasierter Entwicklung und Reformen vorgeschrieben und damit ihre eigenständige Entwicklung hintertrieben.

Jeffrey Sachs, Ökonom von der Columbia-Universität in New York, beschreibt deshalb Chinas Engagement in Afrika als die »wichtigste Entwicklung für Afrika in dieser Generation« (Financial Times, 14.6.2017). Für den sambischen Ökonomen Dambisa Moyo, der in seinem Buch »Dead Aid« (2011) die westliche Entwicklungshilfe an den Pranger stellt, hat sich »mit China das alte Narrativ von Geberländern und Empfängerländern massiv verändert ... Afrikanische Länder brauchen Handel und Investitionen. Es ist gut, wenn China oder andere wie Indien, Türkei, Russland oder Brasilien neue Handels- und Investitionsmöglichkeiten für Afrika bringen.« (Financial Times, 25.6.2020)

Das Auftreten Chinas hat die Kräfteverhältnisse verschoben. Die afrikanischen Staaten haben jetzt mehr Macht, wenn sie mit dem Westen, den alten Kolonialmächten und den bislang westlich dominierten internationalen Finanzinstitutionen über Handelsverträge oder Kredite verhandeln. Denn China sitzt mit am Tisch. Das bedeutet nicht, dass alle chinesischen Projekte in Afrika auf fairer Basis vereinbart sind. Aber es macht einen Unterschied, dass China Rohstoffe aus Afrika im Wesentlichen mit Investitionen bezahlt, anstatt wie der Westen mit Geld, das dann auf Schweizer Konten landet. Wesentliche Infrastrukturen in Afrika – von Bahnlinien über Krankenhäuser bis zu Universitäten – sind in den letzten Jahren vor allem durch Kooperation mit China entstanden.

Kapitel 8
Das chinesische Jahrhundert?

Als »neuen Kalten Krieg« in Anlehnung an die frühere Systemauseinandersetzung zwischen Ost und West bezeichnen Kommentatoren den Schlagabtausch zwischen den USA und China. In dem Konflikt geht es um Handel, Ressourcen, Einflusssphären und die Gestaltung eines globalen Umfeldes, das günstig für die jeweiligen nationalen Interessen ist. Es geht aber vor allem um die Technologien der Zukunft.

Doch der Vergleich mit dem bis Ende der 80er Jahre des letzten Jahrhunderts dauernden »Kalten Krieg« passt nicht zur Beschreibung dieses Konflikts, der die nächsten Jahre und Jahrzehnte prägen wird. Der »Kalte Krieg« zwischen der früheren Sowjetunion und den USA samt ihren Verbündeten ging um eine rivalisierende universale Vision von der Zukunft der Menschheit. Darum geht es jedenfalls China in der Auseinandersetzung nicht. Die Volksrepublik will nicht das eigene Politik- und Wirtschaftssystem des »Sozialismus mit chinesischer Prägung« exportieren. Sie will die Welt auch nicht nach ihrem Vorbild formen, will keine ideologische Bekehrung, nicht die Revolution exportieren und keine Regimewechsel.

Was China will, ist international mehr Einfluss und mehr Respekt gegenüber den chinesischen Interessen. Es geht vor allem um den Schutz seiner wirtschaftlichen Ziele und um die Sicherung der Einheit sowie der nationalen Souveränität des Landes. Diese war in der langen Geschichte Chinas immer wieder gefährdet. Die weltberühmte Große Mauer war ein mehrere Jahrhunderte dauerndes Bauprojekt, das die Einheit des Landes gegen Invasoren und Barbaren schützen sollte. Die Einheit und die Souveränität sind also Kernbestandteile der chinesischen Erzählung. Dass diese angesichts der zunehmend offenen Feindschaft der USA und des Westens gegenüber China auch nationalistisch aufgeladen wird, kann niemanden verwundern.

Schon seit Jahrzehnten hat das Land seine territorialen Ansprüche auf Teile des südchinesischen Meeres deutlich gemacht, in dem heute immer noch US-Kriegsschiffe kreuzen. Aus chinesischer Sicht gehörte der US-Brückenkopf Taiwan immer zu China; noch vor einem Jahrzehnt war dies auch die offizielle Position der Regierung Taiwans. Seit der Rückgabe durch Großbritannien 1997 ist Hongkong, im 1. Opiumkrieg 1842 von der britischen Krone als Kolonie annektiert, völkerrechtlich wieder unstrittig Teil der Volksrepublik. Auch im autonomen Gebiet Xinjiang ganz im Westen des Landes und in Tibet geht es bei diesen riesigen dünn besiedelten Gebieten aus chinesischer Sicht in erster Linie um die nationale Souveränität.

Das Projekt der »Neuen Seidenstraße«, deren maritime Variante u.a. den von China finanzierten Ausbau von Häfen entlang der Küsten Südostasiens und des Indischen Ozeans einschließt, zielt auch auf die Absicherung der Exportrouten und der Rohstoffversorgung der demnächst größten Wirtschaftsmacht der Welt. Das gilt ebenso für die terrestrischen Routen der »Neuen Seidenstraße«. Die Landrouten werden nicht nur Chinas Warenverkehr von und nach Europa und damit den Kapitalumschlag wesentlich beschleunigen, sondern können auch die wirtschaftliche Entwicklung in den Ländern Zentralasiens und des Mittleren Ostens stimulieren.

Das Projekt kann damit einen Entwicklungsschub und eine Stabilisierung der Gesellschaften in diesen vom Westen teilweise »vergessenen« und mit Krieg überzogenen Regionen auslösen, die hierzulande oft mit Bürgerkrieg, Terrorismus und Flüchtlingen assoziiert werden. Beispielsweise wird in Deutschland kaum berichtet, dass China in Afghanistan für die Zeit nach dem bevorstehenden Abzug der US-Truppen große Infrastrukturprojekte plant, während die USA und die anderen NATO-Staaten dem gespaltenen und vom Krieg verheerten Land vor allem Militärstützpunkte und Waffenarsenale hinterlassen.

China ist wirtschaftlich eine Weltmacht und politisch und auch militärisch eine Großmacht. Aufgrund der Größe des Landes und seiner Bevölkerungszahl ergibt sich diese Position in der Welt mehr oder weniger zwangsläufig. Anders wäre das nur bei einer weitestgehenden Abschottung des Landes vom Rest der Welt. Zudem haben die marktwirtschaftlichen Reformen eine äußerst dynamische Kapitalakkumulation in Gang gesetzt. Längst haben die chinesischen Kapitalgruppen die nationalen Schranken für ihre Profitmacherei hinter sich gelassen. Aber ist die Volksrepublik eine neue imperialistische Supermacht?

Chinas Vorgehen speziell in Asien lässt sich als Versuch beschreiben, das regionale Umfeld präventiv zu kontrollieren, zum Schutz seiner territorialen Integrität und der eigenen wirtschaftlichen Entwicklung. Es ist eine defensive Einflussnahme, gerichtet auf enge Beziehungen zu den Nachbarländern. Allein, weil das Land viel größer ist als die meisten Länder in seiner Umgebung und eine um ein Vielfaches höhere Wirtschaftskraft hat, bringt das zwangsläufig Abhängigkeiten mit sich. Daraus aber einen aggressiven chinesischen Imperialismus zu konstruieren, geht an den Realitäten vorbei.

Denn China hat bislang keine Versuche unternommen, sich Länder in anderen Erdteilen wirtschaftlich und politisch oder gar militärisch gefügig zu machen. Der einzige Militärstützpunkt außerhalb des Landes im afrikanischen Djibouti dient westlichen Analysen zufolge allein dem Schutz chinesischer Handelsschiffe vor der Piraterie am Eingang zum Roten Meer (Economist, 9.4.2016).

Die Volksrepublik sei eine verantwortungsvoll handelnde Großmacht, erklärte im Sommer 2020 ein Sprecher des chinesischen Außenministeriums bei der Vorstellung verschiedener chinesischer Initiativen, nach denen die Länder

Asiens, Afrikas und Lateinamerikas demnächst bevorzugt mit in China entwickelten Covid-19-Impfstoffen beliefert werden sollen, die im Herbst 2020 in der entscheidenden Testphase waren. Wahrscheinlich wird China, sicherlich nicht die USA, Gewinner im globalen Impfstoff-Wettrennen sein, wenn es um den Ausbau des weltweiten Einflusses geht.

Schon allein aufgrund seiner Größe und seiner wirtschaftlichen Stärke ist China ein viel gefährlicherer Konkurrent für die USA als es andere Großmächte jemals waren. Irgendwann in den nächsten Jahrzehnten könnte sich die chinesische Pro-Kopf-Wirtschaftsleistung jener der USA annähern. Dann wäre die chinesische Wirtschaft um ein Mehrfaches größer als die der USA. Das wäre eine historische Kräfteverschiebung in der Welt. Insofern ist es treffend, vom chinesischen Jahrhundert zu sprechen.

Die im Herbst 2020 zwischen 15 asiatischen und pazifischen Nationen, aber derzeit noch ohne Beteiligung Indiens vereinbarte Freihandelszone (Regional Comprehensive Economic Partnership, RCEP) ist ein weiteres Signal für den wachsenden Einfluss Chinas. In dieser neuen Freihandelszone wird jetzt schon ein Drittel der globalen Wirtschaftsleistung erarbeitet. Für Güter, die innerhalb dieses Blocks gehandelt werden, gelten künftig einheitliche Regeln über die Herkunft. Damit können Unternehmen ihre Lieferketten weiter flexibilisieren und die Volksrepublik als Lieferant könnte leichter neue US-Sanktionen umgehen. Wie die EU schon lange demonstriert hat, kann dieser neue Wirtschaftsblock auch zu einer Vereinheitlichung der internen Normen und technisch-industriellen Standards führen, was praktische Auswirkungen weit über die beteiligten Nationen hinaus haben könnte.

Corona: Beschleunigung der Trends mit Vorteilen

Während viele Länder in der Welt im Herbst 2020 in einer zweiten Welle der Corona-Pandemie und damit vor einem zweiten Wirtschaftseinbruch standen, haben China und andere Länder Ostasiens die Krise vergleichsweise deutlich besser bewältigt. Die Finanzmärkte haben dafür einen untrüglichen Riecher. Die Aufwertung der chinesischen Währung zeigt, dass die Währungsmärkte auf eine weitere Stärkung der chinesischen Wirtschaft und damit auf mehr Nachfrage nach dem Renminbi setzen. Die internationale Auktion von Schuldtiteln des chinesischen Staates Anfang Oktober 2020 war mehrfach überzeichnet.

Die Entwicklungen auf den Finanzmärkten sind allerdings nur die Spitze des Eisbergs. Schon lange vor dem Ausbruch der Pandemie hat sich eine Verschiebung der globalen wirtschaftlichen Kräfteverhältnisse abgezeichnet – weg vom Westen in Richtung Asien. Die durch die Corona-Pandemie ausgelöste Krise der Weltwirtschaft hat diesen Trend nur beschleunigt.

Dass Virusbekämpfung gleichzeitig mit einer erfolgreiche Rezessionsbekämpfung verbunden sein kann, hat das Management der Pandemie durch die chinesische und andere Regierungen speziell in Ostasien gezeigt. Ein kurzer, radikaler, zentral koordinierter Lockdown mit strengen Kontaktbeschränkungen hat das Virus im Land eingedämmt. Fallzahlen und Todesfälle in Relation zur Bevölkerung sind niedrig im internationalen Vergleich. Durch das bessere Krisenmanagement hat sich die Wirtschaft viel schneller erholt. Als einziges von 48 untersuchten Ländern meldete China im zweiten Quartal 2020 ein Wirtschaftswachstum. Taiwan, Vietnam und Südkorea folgen in der Rangliste. In China hat sich auch der private Konsum in den letzten Monaten wieder erholt. Das alles geschah ohne große Stimuli. China und andere asiatische Länder ernten die Dividende vom erfolgreichen Management der Corona-Pandemie.

Im dritten Quartal 2020 wuchs Chinas Wirtschaft wieder um 4,9% im Vergleich zum Vorjahr. Vor allem die Industrie und der Bausektor trugen das Wachstum, während der private Konsum in China langsam wieder anzieht. Im Monat September importierte China mehr Waren und Rohstoffe als jemals zuvor in der Geschichte. Die Exporte wuchsen ebenso, sodass China wahrscheinlich noch Marktanteile gewonnen hat. Die immer wieder beschworene Verlagerung von globalen Lieferketten wegen Corona und der von den USA forcierten Entkopplung ist in den Handelsstatistiken bislang nicht nachweisbar.

Im zweiten Quartal 2020 hatte Chinas Wachstum noch bei 3,2% gelegen, nach einem scharfen Einbruch zum Jahresanfang aufgrund des Lockdowns. Für das ganze Jahr 2020 prognostizierte Yi Gang, der Chef der chinesischen Zentralbank, ein Wachstum von 2%. Die chinesische Wirtschaft sei robust und habe ein großes Potenzial, ihre wirtschaftliche Erholung sei gut für die Welt. Für die gesamte Weltwirtschaft dagegen rechnet der IWF mit dem größten Einbruch seit der Weltwirtschaftskrise nach 1929.

Bislang hat der Wirtschaftskrieg, den die USA gegen China angezettelt haben, die chinesische Volkswirtschaft nicht empfindlich getroffen. Im Gegenteil: Die durch die Corona-Pandemie ausgelöste Krise hat Chinas Position weiter gestärkt. Das bedeutet aber auch, dass die Spannungen zwischen der bisherigen Vormacht USA und der wirtschaftlichen Supermacht China sich weiter verschärfen werden. Daran wird auch die Wahl Joe Bidens zum neuen US-Präsidenten nichts ändern. Denn US-Demokraten und US-Gewerkschaften haben sich noch schärfer gegen China positioniert als die bisherige Administration.

Nicht alle Eliten teilen die US-amerikanische Positionierung. Ray Dalio, Gründer des US-Hedgefonds Bridgewater Associates, hat in einem Kommentar in der Financial Times (23.10.2020) vor der Blindheit im Westen gegenüber Chinas Aufstieg gewarnt, die von einem hartnäckigen Anti-China-Bias geprägt sei. Bei aller Kritik an der chinesischen Kapitalismus-Variante könne man nicht sagen, es habe nicht funktioniert. Er selbst investiere deshalb nicht nur in den

USA, sondern gerade auch in China. »Imperien steigen auf, wenn sie produktiv und finanziell solide sind, wenn sie mehr einnehmen als ausgeben, wenn ihre Vermögenswerte schneller wachsen als ihre Verbindlichkeiten. Das passiert, wenn die Bevölkerung gut ausgebildet ist, hart arbeitet und sich zivilisiert benimmt. Wenn man China und die USA nach diesen Maßstäben miteinander vergleicht, ... sprechen die Fundamentaldaten eindeutig für China.« Amen! So das Credo eines Vertreters des globalen Finanzkapitals.

Die Klima-Ziele

Ende September 2020 verkündete Xi Jinping, China wolle schon vor 2060 CO_2-neutral sein. International überraschte diese Ankündigung. Wenige außerhalb des Landes hatten so frühzeitig diese ambitionierte und für die Erreichung der weltweiten Klimaziele äußerst wichtige Selbstverpflichtung erwartet. Allein dass China dieses Ziel formuliert hat, ist für sich genommen schon ein gigantischer Schritt gegen den Klimawandel. Denn die meisten der globalen CO_2-Emmissionen aus fossilen Brennstoffen kommen heute aus China (siehe hierzu Abb. 17 auf der folgenden Seite). Zwar sind die Emissionen pro Kopf der chinesischen Bevölkerung immer noch wesentlich niedriger als in den reichen Ländern des Westens, aber im Prozess der nachholenden Entwicklung und Industrialisierung sind Chinas Emissionen viel stärker gestiegen als im Rest der Welt.

Importierte und im Land geförderte Steinkohle deckt immer noch mehr als die Hälfte des Energiebedarfs. Bis vor wenigen Jahren lagen Metropolen wie Peking regelmäßig unter einer giftigen Smogdecke aus Kohlendioxyd und Stickoxyden. Das hat sich zwar deutlich geändert. Aber die Dekrete der Zentralregierung und auch der Provinzen, besonders »dreckige« Kohlekraft- und Stahlwerke zu schließen, wurden immer wieder von Lokalregierungen konterkariert, denen die Förderung der lokalen Wirtschaft wichtiger war als der Umweltschutz. Inzwischen werden Staatsbeamte und Parteikader aber auch danach beurteilt, befördert oder abgesetzt, ob sie den Umweltschutz in ihrem Zuständigkeitsbereich verbessert haben oder nicht. Dass China sich schon jetzt verpflichtet hat, vor 2060 CO_2-neutral zu sein, hat mindestens drei Motive: das Bewusstsein der chinesischen Regierung und der KP, dass der Klimawandel immensen Schaden für das Land bringt; das politische Interesse, sich international als verantwortungsvoller Akteur zu präsentieren und entsprechend zu handeln; schließlich die zunehmende Gewissheit der chinesischen Regierung, dass China durch technischen Fortschritt Emissionsfreiheit erreichen könne, ohne die erklärten Wachstumsziele aufzugeben. Die nötige Abkehr von fossilen Brennstoffen zur Erreichung der Klimaziele ist allerdings eine riesige Herausforderung. Bislang ist nicht klar, wie die Regierung diese ambi-

Abb. 17: Chinas CO_2-Emissionen aus fossilen Brennstoffen
Anteil am weltweiten Ausstoß, 2018, in %

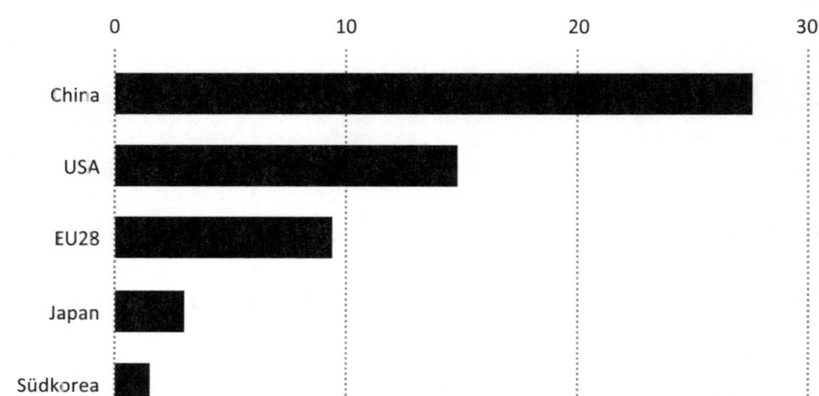

Quelle: Economist, 24.9.2020

tionierten Ziele erreichen kann. Details wird wahrscheinlich der demnächst finalisierte Plan für die Jahre 2021 bis 2025 enthalten. Derzeit entfallen auf China weitaus die meisten Kohlekraftwerke, die weltweit im Betrieb oder im Bau sind. Allein die Provinzbehörden der Inneren Mongolei, einer rohstoffreichen, dünn besiedelten Region in Nordchina, haben in den letzten Jahren 17 neue Kohlekraftwerk-Projekte genehmigt (Financial Times, 4.11.2020). Chinas Stahl- und Zementindustrie, beide Branchen stehen mit an der Spitze beim CO_2-Ausstoß, verzeichnen seit dem Corona-Lockdown zweistellige Wachstumsraten. Nach Szenarien eines Instituts für Klimaforschung der Pekinger Tsinghua-Universität wird Chinas CO_2-Ausstoß in den nächsten Jahren noch weiter steigen und frühestens ab 2030 sinken. Um binnen 30 Jahren den Anteil nicht-fossiler Energieträger (inkl. Kernenergie) von 41% im Jahr 2019 auf 90% zu steigern, müsste allein China das Dreifache (Windenergie) bzw. Vierfache (Solar) der jetzt global installierten Kapazitäten aufbauen. Zudem muss China dringend seine Schwerpunkte bei internationalen Kraftwerksprojekten ändern: Von 2000 bis 2019 entfiel 40% der chinesischen Finanzierung auf Kohlekraftwerke im Ausland und nur 11% auf erneuerbare Energien.

Dabei hat das Land in den vergangenen Jahrzehnten mit seiner industriellen Macht und seiner cleveren Subventionspolitik wesentlich dazu beigetragen, dass erneuerbare Energien längst konkurrenzfähig sind, während die ebenfalls subventionierte deutsche Solarbranche verschwunden ist. Vor allem dank China sind binnen zehn Jahren die Kosten für Solarstrom um 90%, für Windenergie um 60% und für Lithium-Ionen-Batterien um 87% gefallen. Die Volksrepublik ist längst Weltmarktführer für Elektromobilität und hat durch seine Marktmacht die deutsche Verbrenner-Lobby zum Umdenken gezwungen. Sie führt international auch bei den Investitionen für die Energieerzeugung aus Wasserstoff.

Besseres Leben für alle oder noch mehr Ungleichheit?

»Die Partei schlägt zurück!« So titelten die Wirtschaftsmedien im Westen über die kurzfristige Absage des für Herbst 2020 angekündigten Börsengangs der Ant Group, des Finanzarms der Alibaba-Gruppe an den Börsen von Hongkong und Shanghai. Dieser war als größter Börsengang aller Zeiten angekündigt und hätte den Reichtum und die Macht von Jack Ma, früher Englischlehrer, dann Gründer und Hauptaktionär von Alibaba, weiter vermehrt. Chinas Zentralbank und die Finanzaufsicht sagten den Börsengang in letzter Minute offiziell aus regulatorischen Gründen ab. Dahinter steht die Befürchtung, dass die zeitweilig mit über 300 Billionen US-$ (mehr als der Marktwert der größten Banken der USA und Chinas) bewertete Ant Group für die chinesische Regierung und die KP zu mächtig und unkontrollierbar werden könnte. Jack Ma, selbst KP-Mitglied, hatte am 24. Oktober auf einem Forum in Peking die Partei öffentlich herausgefordert mit der provokativen Ansage, Chinas Regulierungsbehörden und Staatsbanken hätten eine »Pfandhaus-Mentalität«, weil alle Kredite mit Sicherheiten hinterlegt werden müssten (Financial Times, 6.11.2020).

Der geplatzte Börsengang der Ant Group bedeutet nicht nur, dass trotz vieler Schritte der Liberalisierung in den vergangenen Jahren die chinesische Regierung die Kontrolle über die Finanzmärkte und den Kapitalverkehr nicht vollständig aus der Hand geben will. Es ist auch ein weiteres Signal, dass die KP-Führung bereit ist, sich mit den Superreichen und mit ihrer wirtschaftlichen und politischen Macht und ihrem Einfluss anzulegen. China hat heute mehr Milliardäre als die USA. Der Trend zur Anhäufung immer neuer Vermögen ist bislang ungebrochen: Allein in 2020 sollen bis zum Herbst 275 neue Milliardäre dazugekommen sein. Eine beunruhigende Entwicklung, weil im gleichen Zeitraum viele Millionen Chinesen durch die Auswirkungen der Corona-Pandemie ärmer geworden sind.

Es kann als sicher gelten, dass die Interessen von Chinas Superreichen nicht nur auf lokaler und regionaler Ebene, sondern auch in der Partei eine wesentliche Rolle spielen. Wird China ebenso eine Plutokratie wie die USA mit der Folge einer tief gespaltenen Gesellschaft und einer Wirtschaft, die ihre Potenziale nicht weiter entfalten kann, weil ein großer Teil der Bevölkerung wirtschaftlich, sozial und kulturell abgehängt ist?

Oder wird die KP die Macht der etablierten mächtigen Interessengruppen und Kapitale einschränken? Geht China die Lösung der drängendsten sozialen Probleme an? Das wurde in der Vergangenheit auf Parteitagen und in der Staatsplanung immer wieder proklamiert, bislang jedoch nicht wirklich umgesetzt. China ist immer noch eines der Länder mit der größten sozialen Ungleichheit. Die politischen Antworten auf die sozialen Widersprüche entscheiden darüber, ob es dem Land gelingt, in den nächsten Jahrzehnten eine ausgeglichenere Wirtschaft aufzubauen, weiter erfolgreich aufzusteigen und das offiziell erklärte Ziel einer Gesellschaft mit bescheidenem Wohlstand für alle zu erreichen.

Ganz oben auf der Agenda steht die Aufhebung der wirtschaftlichen und gesellschaftlichen Diskriminierung von fast 300 Millionen Chinesen, der Arbeitsmigranten, von denen die meisten in schlechter bezahlten und ungesicherten Jobs arbeiten. Zwei Drittel von ihnen hatten keinerlei – auch keine kurzzeitige – berufliche Ausbildung, als sie auf den Arbeitsmarkt kamen (Financial Times, 16.9.2020). Nun, in der Pandemie, sind viele Millionen arbeitslos geworden, während chinesische Unternehmen gleichzeitig Fachkräftemangel beklagen. Die Regierung will mit viel Geld 15 Millionen Arbeitssuchende kurzfristig umschulen. Aber theoretische 14-Tage-Kurse mit Zertifikat sind Placebos, wenn eine berufspraktische Ausbildung und Erfahrungen fehlen.

Die Pandemie hat auch offenbart, dass Chinas System der Sozialversicherungen trotz vieler Anstrengungen immer noch eine Großbaustelle ist. Die Sozialleistungen erreichen gerade die am allerwenigsten, die in der Krise besonders darauf angewiesen sind. Viele Arbeitgeber zahlen nicht die gesetzlich vorgeschriebenen Beiträge zur Sozialversicherung. Kein Wunder, dass die Chinesen im internationalen Vergleich Sparweltmeister sind, dass das Land eine strukturelle volkswirtschaftliche Schieflage von Unterkonsumption und Überinvestitionen vor allem in Zement hat. In den Konsum der privaten Haushalte fließen nur 40% der Wirtschaftsleistung, während in den westlichen Industrienationen der Anteil bei 65% und mehr liegt.

Zur Korrektur dieser Schieflage gehören auch Reformen des Steuersystems, das bislang hohe Einkommen und große Vermögen kaum besteuert. Diese Reformen, mehrfach angekündigt, aber wohl aufgrund mächtiger Interessen z.B. der Immobilienkonzerne nicht angegangen, könnten dazu beitragen, dass der Ausbau der Sozialleistungen und die fällige Umverteilung des gesellschaftlichen Reichtums finanziert werden kann.

Im Frühjahr 2021 wird die KP den neuen und damit 14. Fünf-Jahres-Plan für den Zeitraum bis 2025 verabschieden. Details werden in den kommenden Monaten noch diskutiert. Aber nach dem Ende Oktober 2020 veröffentlichten Kommunique der Plenartagung der Parteiführung ist die Richtung bereits klar (Financial Times, 31.10.2020): Ausgangspunkt der Planungen ist die Einschätzung, dass die USA die wirtschaftliche und technologische Abkopplung und Isolierung Chinas fortsetzen werden und dass China im Bereich der Schlüsseltechnologien noch deutlich zurückliegt. Deshalb steht im Zentrum die Stärkung der wissenschaftlichen und technologischen Eigenständigkeit, etwa bei Halbleitern, und der Aufbau eines starken inneren Marktes und eigener Innovationen. China soll wirtschaftlich und technologisch autarker werden gegenüber der bisherigen Abhängigkeit von anderen Ländern und speziell den USA. Dazu sollen Chinas Ausgaben für Forschung und Entwicklung besonders steigen. Nicht erwähnt wird etwa der weitere Ausbau der Sozialsysteme als wesentlicher Faktor für Chinas Binnenmarkt. Es bleibt abzuwarten, ob der im nächsten Frühjahr verabschiedete Plan bei den sozialen Themen konkreter wird.

Literatur

Anderson, Perry (2010): Two Revolutions, in: New Left Review 61, Jan./Feb.

Ang, Yuen Yuen (2020): China's Gilded Age: The Paradox of Economic Boom and Vast Corruption, Cambridge: Cambridge University Press

BDI (Bundesverband der Deutschen Industrie) (2019): BDI Grundsatzpapier China: Partner und systemischer Wettbewerber – Wie gehen wir mit Chinas staatlich gelenkter Volkswirtschaft um?, Berlin; www.BDI.eu

Braeutigam, Deborah (2009): The Dragon's Gift: The Real Story of China in Africa, London: Oxford University Press

Chang, Gordon G. (2001): The Coming Collapse of China, New York: Random House

Defence Innovation Board (2019): The 5G Ecosystem: Risks and Opportunities for DoD, Washington; media.defense.gov/2019/Apr/04/2002109654/-1/-1/0/DIB_5G_STUDY_04.04.19.PDF&ved=2ahUKEwiAv5Hq3rvtAhXN66QKHUa9BnAQFjAAegQIAhAB&usg=AOvVaw0uOvgi9tcnw4P4u2mRKSHD (abgerufen am 8.11.2020)

Ding Xiaoqin (2019): Die Risiken von Sozialistischer Marktwirtschaft, Staatskapitalismus und neoliberalem Kapitalismus, in: isw-report 119, München, S. 3-8

Ferguson, Neil/Schularick, Moritz (2007): Chimerica and Global Asset Markets, im Original nicht mehr online verfügbar; www.jfki.fu-berlin.de/faculty/economics/team/persons/schularick/Chimerica.pdf (abgerufen am 8.11.2020)

Frankopan, Peter (2015): Das Licht aus dem Osten: Eine neue Geschichte der Welt, Berlin: Rowohlt

Gütter, Reinhold (2020). Fluchtursachen. Fremd- und Selbstbestimmung Afrikas seit 1960, Hamburg: VSA.

Heberer, Thomas/Müller, Martin (2020): Entwicklungsstaat China – Politik, Wirtschaft, sozialer Zusammenhalt und Ideologie, hrsg. Friedrich Ebert Stiftung; library.fes.de/pdf-files/iez/16040.pdf (abgerufen am 7.12.2020)

Horn, Sebastian/Reinhardt, Carmen/Trebesch, Christoph (2019): Chinese Overseas Lending, Kiel Working Paper No. 2132, hrsg. Kiel Institute for the World Economy, ISSN 1862–1155; www.ifw-kiel.de/fileadmin/Dateiverwaltung/IfW-Publications/Christoph_Trebesch/KWP_2132.pdf&ved=2ahUKEwibw5vf27vtAhXT3YUKHedoDfYQFjAAegQIAhAB&usg=AOvVaw0DppAxgLgxJ4KB6rpngaoS

Hoering, Uwe (2018): Der Lange Marsch 2.0. Chinas Neue Seidenstraßen als Entwicklungsmodell, Hamburg: VSA.

Huang, Zheping (2017): »What you need to know about Beijing's crackdown on its ›low-end population‹«, 27.11.2017; qz.com/1138395/low-end-population-what-you-need-to-know-about-chinas-crackdown-on-migrant-workers/ (abgerufen am 25.11.2020)

Jacques, Martin (2009): When China Rules the World. The End of the Western World and the Birth of a New Global Order, New York: Random House

Karabell, Zachary (2009): Superfusion. How China and America Became One Economy and Why the World´s Prosperity Depends On It, New York: Simon & Schuster

Klein, Matthew C./Pettis, Michael (2020): Trade Wars are Class Wars. How Rising Inequality Distorts the Global Economy and Threatens International Peace, New Haven: Yale University Press

Koch, Moritz/Neuerer, Dietmar (2018): Ex-Chef der Software AG: »Wir brauchen die Stärke Europas«, in: Handelsblatt, 28.10.2018; www.handelsblatt.com/politik/deutschland/karl-heinz-streibich-ex-chef-der-software-ag-wir-brauchen-die-staerke-europas/25155940.html?ticket=ST-572002-z5T72Sc-qyUKCcBgYy6ll-ap4 (abgerufen am 8.11.2020)

Kolodko, Grzegorz (2020): China and the Future of Globalization: The Political Economy of China's Rise, London: IB Tauris Publishers

Kronauer, Jörg (2020): Die Schlacht um Huawei, German Foreign Policy, 19.2.2020; www.german-foreign-policy.com/news/detail/8191/ (abgerufen am 8.11.2020)

Lee, Kai-Fu (2018): AI Superpowers. China, Silicon Valley and the New World Order, Boston: Houghton Mifflin Harcourt

Lüthje, Boy (2006): Ökomische Modernisierung und industrielle Beziehungen im neuen chinesischen Kapitalismus, in: Das Argument 268, S. 61-75

Mahbubani, Kishore (2020): Has China Won? The Chinese Challenge to American Primacy, London: Public Affairs

Matsakis, Louise (2019): How the West Got China's Social Credit System Wrong, in: WIRED, 29.7.2019; www.wired.com/story/china-social-credit-score-system/ (abgerufen am 8.11.2020)

MERICS Mercator Institute for China Studies (2018): The social credit system. China's tool for moral education, Interview with Rogier Creemers; merics.org/en/social-credit-system-chinas-tool-moral-education (abgerufen am 8.11.2020)

Moyo, Dambisa (2011): Dead Aid: Warum Entwicklungshilfe nicht funktioniert und was Afrika besser machen kann, Berlin: Haffmans & Tolkemitt

Müller, Wolfgang (2018): Die Unterklasse der sozialistischen Marktwirtschaft. Chinas Arbeitsmigranten, in: Sozialismus.de, Heft 7/8

Müller, Wolfgang (2020): 70 Jahre Volksrepublik China. Die Sorgen des Westens über ihren Aufsteig und die chinesische Innensicht, in: Sozialismus.de, Heft 1

Naughton, Barry (2018): The Chinese economy. Adaptation and growth. Cambridge, Massachusetts: The MIT Press

Orlik, Thomas (2020): China. The Bubble That Never Pops, London: Oxford University Press

Piketty, Thomas (2020): Kapital und Ideologie, München: Beck

Reybrouck, David van (2013): Kongo. Eine Geschichte. Frankfurt a.M.: Suhrkamp

Roach, Stephen (2004): How Global Labor Arbitrage Will Shape the World Economy, in: Global Agenda Magazine; globalagendamagazine.com/2004/stephenroach.asp

Rügemer, Werner (2018): Die Kapitalisten des 21. Jahrhunderts, Köln: Papyrossa

Shih, Lea (2017): Zentralisierte Führung – heterogene Parteibasis. Veränderungen in der Mitgliederstruktur der Kommunistischen Partei China, Merics China Monitor, Mercator Institute for China Studies, Berlin

State Council Information Office of the PRC (2020): Fighting Covid-19. China in Action, June 2020; en.nhc.gov.cn/2020-06

State Council Information Office of the PRC (2014): Planning Outline for the Construction of a Social Credit System (2014-2020); chinacopyrightandmedia.wordpress.com/2014/06/14/planning-outline-for-the-construction-of-a-social-credit-system-2014-2020/ (abgerufen am 8.11.2020)

Tian, Ma (2017): Migrants, Mass Arrest, and Resistance in Contemporary China, in: Made in China Yearbook, S. 68ff.

Webb, William (2018): The 5G Myth. When Vision Decoupled from Reality, London: De Gruyter Press

Xi Jinping (2017): Report at the 19. National Congress of the Communist Party of China, 18.10.2017; www.xinhuanet.com/english/special/2017-11/03/c_136725942.htm (abgerufen am 7.12.2020)

Xi Jinping (2019): Rede zum 70. Jahrestag der Gründung der Volksrepublik China am 1.10.2019, Zusammenfassung: english.www.gov.cn/news/topnews/201910/01/content_WS5d92dac9c6d0bcf8c4c1476b.html (abgerufen am 7.12.2020)